Dr. Vasi Rădulescu

MEDICINA POVESTITĂ
pe înțelesul tuturor

O carte care te învață cum să ai grijă de tine
(și de cei de lângă tine)

Readers Do Good, București, 2021
www.readersdogood.ro

Descrierea CIP a Bibliotecii Naţionale a României
RĂDULESCU, VASI

Medicina povestită pe înţelesul tuturor / Vasi Rădulescu. - Bucureşti : Readers do good, 2021

Conţine bibliografie
Index
ISBN 978-606-94806-5-6
61

Copertă realizată de Bogdan Ionuţ Gurău

Cărţile scrise de dr. Vasi Rădulescu se găsesc aici
www.readersdogood.ro
www.drvasiradulescu.ro

Câteva cuvinte...

Educația medicală a reprezentat un domeniu care mi-a atras atenția și pe care n-am putut să-l ignor, ținând cont de lipsurile grave la acest nivel în populația de rând. Perpetuăm mituri fără fundament științific, nu deținem informații bazale despre sănătate, recurgem la leacuri-minune, ne încredem în sfaturile unor persoane care nu au nicio competență medicală, ne informăm din surse incerte și credem povești care de multe ori reprezintă pure suspendări ale rațiunii. O lucrare care să limpezească lucrurile și să prezinte, succint și pe înțelesul tuturor, principalele segmente ale medicinei era strict necesară. Tot conținutul vă va face să înțelegeți de ce se întâmplă anumite fenomene, de ce ne îmbolnăvim, cum ne păstrăm sănătatea, cum ținem o relație frumoasă și eficientă cu medicul nostru, cum demontăm niște mituri. Pe alocuri, materialele sunt îmbogățite cu experiențe pur personale din spital, împachetate sub forma unor fire narative, ideale pentru a sedimenta concepte precum empatia, fericirea, bunătatea, implicarea, suferința, depresia.

Țin să precizez că în luna februarie a anului 2018, aflat la o masă cu niște prieteni și tot discutând despre miturile din sănătate, mi-a venit ideea să creez o platformă în care, alături de alți medici cunoscuți, să disecăm toate miturile și să facem o educație medicală veritabilă, destinată populației generale. Pentru că de mulți ani scriam pe Facebook texte nișate și-mi doream ca lumea să le distribuie, nevoind însă să agasez pe cineva cerșind share-uri, am construit un hashtag, #leapșadesănătate. Părea un joc al copilăriei, dar aici căpăta valențe cruciale, pentru că vorbim totuși despre sănătatea oricui. E lesne de înțeles că platforma a devenit Leapșa de Sănătate, punând pe ea toate materialele relevante scrise pe profilul personal de Facebook, ulterior altele plămădite special. În prima lună, am înregistrat o audiență de 750.000 de vizitatori unici. Motto-ul este „Citești. Înveți. Dai mai departe." și reprezintă în esență un îndemn de a participa cu toții la educația medicală. Acea platformă a fost continuată cu www.drvasiradulescu.ro, care are mii de articole disponibile gratuit și pe care vă recomand să le citiți pentru a vă dezvolta educația sanitară. Articolele au mii de oră de muncă voluntară în spate.

Am pornit de la acele materiale publicate pe site, am adăugat numeroase alte texte, am legat totul natural și a ieșit cartea de față. Mi-ar plăcea să devină un fel de Biblie medicală și fiecare familie să o aibă în casă. Numai așa putem vorbi de o informare corectă, de îmbrățișarea unor termeni, de principii de viață sănătoase, de demitizare, de evitarea unor proceduri nocive, de însușirea unor noțiuni fundamentale care, la nevoie, pot face diferența între viață și moarte.

În clipa în care scriu aceste rânduri suntem la aproape doi ani de la debutul pandemiei Covid-19 și am văzut cu toții efectele distrugătoare ale lipsei de educație pentru sănătate: suntem bombardați de fake news, conspirații, știri terifiante. A existat în arealul nostru o reticență masivă la vaccinare, un act în esență simplu, guvernat de rațiune și calm.

Pe 21 octombrie 2021 am anunțat pe toate platformele sociale că răspund la orice nelămurire privind vaccinarea. În următoarea lună am reușit să răspund la aproximativ 25.000 de mesaje trimise de oameni, percepând clar nevoia de informații veritabile și mai ales de conexiunea cu un medic capabil să ofere explicații simple, pe înțelesul tuturor. Campania mea mi-a oferit date valoroase și mi-a întărit convingerea că tot ceea ce am făcut în ultimii ani a avut un rost.

Pot fi oricând urmărit pe facebook.com/vasi.radulescu, pe instagram.com/vasiradulescu, pe tiktok, pe youtube și pe drvasiradulescu.ro, unde există mii de articole disponibile oricând, gratuit.

dr. Vasi Rădulescu

Această carte are acum peste 500.000 de cititori, fiind cea mai populară încercare de a duce informațiile despre sănătate în casele românilor.

Capitolele sunt structurate simplu, oferind și trimiteri spre diverse materiale. De cele mai multe ori, informația este generală și are la bază pregătirea riguroasă a autorului, medic specialist internist, cu stagii și practică în diverse secții și spitale, îndeosebi în cele de cardiologie.

Poveștile inserate aici sunt reale, dar unele date au fost schimbate pentru a respecta confidențialitatea medic - pacient, sacră în medicină. Rolul poveștilor este de a arăta empatia, bunătatea, simplitatea, reușita, suferința, depresia, fericirea, toate în formele lor crude, așa cum sunt în spital.

Informațiile acoperă principalele domenii medicale, utile pentru copii, tineri, adulți, vârstnici.

Partea despre inimă, vastă și fascinantă, este concepută separat în *Cartea inimii (o călătorie terapeutică).*

Partea despre mituri vine cu grijă aranjată în cartea *100 de mituri despre sănătate (cu eleganță și umor demontate).*

Preambul

De fiecare dată când scriu despre pacienții mei, mă supun unor presiuni teribile. Îmbrățișez aici nonficțiunea și cred că textele, descriind întâmplări și persoane adevărate din spitale, au puterea de a schimba ceva în fiecare; altfel nu o făceam. Niciodată. Medicul nu are voie să dezvăluie date din actul medical; nu are voie să facă publice elemente care ar duce la identificarea ușoară a unui pacient. Se poate proteja de o încălcare a secretului profesional, cerând un acord din partea pacientului. Poate schimba unele date, dar esența rămâne aceeași.

Am scris în mare parte despre oameni care nu mai sunt. Ei mi-au lăsat puțin din viața lor, le-am știut suferințe care s-au prelungit dincolo de diagnostice pure, iar a scrie despre toate acestea, chiar într-un mod care să mă protejeze pe mine de o încălcare a unor reguli clare, mă chinuie teribil, pentru că eu știu cine au fost ei și ce am trăit lângă ei. Am povești pe care le-am scris în anumite stări și pe care n-am îndrăznit să le public niciodată. Mai dau peste ele, le citesc iar și iar, îmi vine să le scot sub ochii lumii și nu pot. Pe unele reușesc, chiar dacă și acolo am apăsări.

Poveștile acestea adevărate au, dincolo de tot chinul de a le concepe, sluțindu-le cumva, puterea de a zdruncina un om și a reconfigura umanitatea și toate raporturile din el și ale lui cu lumea din exterior.

Acesta-i motivul pentru care am așternut povești din spital printre textele despre afecțiuni, sfaturi nișate sau generale, chiar dacă tulbur fiecare celulă-n mine când o fac. Pentru că eu știu oamenii din fiecare poveste.

De unde până unde

Când eram mic, ne strângeam cu toții într-o cameră lungă, dreptunghiulară, cu câte un pat la fiecare capăt, cu televizorul pus pe o mobilă veche, în centru. Îmi aduc perfect aminte cum tata avea de fiecare dată aceeași poziție, pe jos, pe un covor persan, sprijinit cu spatele său lat de un șifonier așezat între cele două paturi. Așa îi plăcea să stea și așa se uita la televizor. Câteodată se lua lumina, de la "ei", și rămâneam în beznă. Bunica bâjbâia și se ducea după vreo lumânare sau lampă cu gaz, să nu stăm chiar pe întuneric, că poate ne speriem sau poate ne gândim la moarte, speriindu-ne și mai tare. Dar noi nu ne înfricoșam, ci din contră, abia așteptam acele clipe, pentru că știam că urmează ceva aparte. Tata, un sensibilos din născare, prindea curaj sub mantaua tenebrului și ne spunea atunci o poveste. O făcea fabulos, pe voci, cu pauze lungi, cu intonație. Știa două: una se chema "Moara Dracilor" și era despre Păcală și aventurile lui la măcinat într-o moară condusă de draci, iar a doua era "Povestea cucului", despre cum a apărut pasărea în lumea noastră. Îmi plăceau ambele și-mi doream ca pana de energie electrică să țină cât mai mult, să gust din poveștile pe care le mai auzisem de atâtea ori, dar de care nu mă săturasem.

Timpul a zburat, că e expert în asta. Cumva, m-am apropiat de povești și mi-a plăcut chiar să cred că unitatea de măsură a vieții ar trebui să nu fie anul, ci povestea. Că-n curgerea noastră prin lumina așezată ca-n paranteze între două bucăți de întuneric ar trebui să nu strângem timp anost în noi, ci trăire pură. Pentru că mi-au plăcut oamenii și-am vrut să mă aplec spre suferințele lor, m-am făcut chiar medic. În spital, văzând atâtea și atâtea lucruri, mi-am dat seama că medicina, în esență rece, plină de diagnostice și scheme anodine de tratament, ar trebui să primească gesturi, priviri, atingeri și săpături prin poveștile pacienților, cu căldură, pentru că numai așa se pot obține rezultate bune. Pare contraintuitiv pentru un medic să lase scuturile jos și să treacă de niște bariere, dar vă garantez că empatia asta generează avantaje de ambele părți. Am trecut scuturile, am stat lângă oameni, am cules veritabile povești pe care le-am așezat, cuminte, în inima mea, și-am mers altfel înainte. Medicina este o onoare și trebuie să fie o recunoștință enormă pentru orice doctor, tocmai pentru că putem sta lângă oameni, absorbind din sentimentele lor, primind cadre și momente extraordinare care ne îmbogățesc cu adevărat.

Poveștile care urmează sunt de o dezarmantă sinceritate, pentru că nu pot scrie altfel. Ele amestecă informații atât de utile din domeniile principale ale medicinei și toate au rolul de a vă face să vedeți lucrurile cu alți ochi, chiar dacă îi folosiți pe aceiași. Umanitatea în medicină trebuie să primeze și să înțelegem că acest concept al empatiei trebuie să fie bilateral, împletit cu bunătate, fundament științific, respect, picioare pe pământ, cap pe umeri, mult bun-simț și poziționare mereu în centru a pacientului, asupra căruia trebuie îndreptate toate eforturile pentru a-i reda starea de sănătate. O spun, pentru a nu știu câte oară, că ideal este să prevenim afecțiunile, să avem grijă de noi, să păstrăm relații frumoase cu medicii, să ne informăm din surse bune și să nu ajungem deloc sau foarte târziu în etape care necesită intervenția certă a cadrelor specializate în cazul unor boli.

Consider că avem două deziderate principale în viață: să ne îngrijim de propriile persoane, să ne cultivăm, să ne descoperim, să ne iubim, să creștem câte puțin în fiecare zi, apoi să avem grijă și de cei de lângă noi, să fim utili societății, să facem bine, să educăm, să dăm ceva înapoi. Cum am ajuns într-o poziție care-mi permite, printre altele, să pot oferi informație medicală de calitate, împletită aș zice minunat cu povești din spital pline de substanță și trăire, încerc aici un exercițiu măreț și vă invit să citiți, să învățați, să trăiți, să vă bucurați și poate să apreciați altfel sănătatea, medicii, luptele din acest domeniu.

Corpul nostru

Corpul uman este o mașinărie incredibilă. Aproape toate celulele - mai puțin neuronii - care formează organe, țesuturi, sisteme se schimbă cu totul de câteva ori pe parcursul vieții noastre; unele mor și sunt înlocuite de altele, prin diviziuni repetate sau transformări succesive din celule progenitoare, numite și pluripotente sau stem. Celula este substratul fundamental și în ea sau între ea și altele au loc fenomene care permit toate acțiunile noastre: gândim, ne mișcăm, respirăm, vedem, gustăm, auzim, mirosim, tremurăm, plângem, râdem, mâncăm - toate lucrurile acestea aparent banale reprezintă sinergii între niște celule. În inimă avem miliarde de miocardiocite, celule care se pot contracta după o orchestrație fină, dând funcția principală, de pompare a sângelui. În rinichi avem miliarde de nefrocite capabile să filtreze sângele, să oprească substanțele utile și să le elimine în urină pe cele inutile sau toxice. În creier avem aproximativ 88 de miliarde de neuroni, fiecare îmbrățișat cu până la 10.000 de alți neuroni, în ceea ce numim sinapse. Toate aceste organe au însă și alte tipuri de celule, de susținere, de control, de protecție, pe lângă cele care dau funcțiile organului.

Medicina a făcut progrese formidabile în înțelegerea mecanismelor fine din interiorul sau dintre mai multe celule, fie ele identice sau distincte. Se studiază intens domeniile moleculare și chiar atomice, pentru a interpela anumite procese și a putea interveni exact acolo unde se produce unul patologic. Când un tratament are la bază o substanță ce poate acționa direct la cauza unei boli, fără a altera alte celule sau funcții, se poate discuta despre anularea efectelor adverse, iar aici stă dezideratul suprem al medicinei moderne. Conceptul "treat-to-target", atunci când va putea fi atins aproape ubicuu, va însemna revoluționarea sănătății. Spun asta pentru că, în zilele noastre, chiar dacă medicina ne-a adus unde suntem, crescând longevitatea, speranța de viață, oferind antibiotice, vaccinuri, tratamente bune, are totuși limitări și efecte adverse posibile cam în orice terapie. Sunt limite pe care trebuie să le acceptăm și să le privim cu ochi umani, pentru că atât am fost în stare să facem până acum, și e foarte bine că am pus umărul la acest progres. Viitorul deschide însă posibilități numeroase în zona terapiilor țintite, în domeniul geneticii, în studiul creierului, în componenta de detecție precoce a unor boli cumplite. Trăim vremuri interesante și trebuie, indiferent de pregătire, să îmbrățișăm descoperirile, să ne informăm constant, să avem o educație medicală bazală peste care să așezăm, cumva etapizat, noi și noi informații.

A existat din cele mai vechi timpuri o abordare pur anatomică a corpului uman, dar, fără căi de explorare, oamenii își puteau doar închipui ce avem pe dinăuntru și cum funcționăm. Abia după primele necropsii - și aici cred că oricine se poate gândi la lecțiile de anatomie în care profesorul făcea o disecție, iar studenții la medicină priveau uimiți de pe rândurile suprapuse ale amfiteatrelor vechi - s-au identificat organele și s-au deslușit funcțiile lor, la modul grosier, pentru că multe au fost descoperite mai târziu, cu ochi artificiali în stare să coboare până la niveluri pur moleculare. A existat, de asemenea, o abordare spirituală, cuprinzând latura sfântă a corpului uman, iar aici discuțiile pot fi ample. Avem conștiință, auzim frecvent despre suflet, luăm în calcul energii și unde care definesc alte straturi ale organismului, macerăm conceptul morții, proiectăm tărâmuri în care putem ajunge dincolo de moarte. Toate au roit între știința exactă și rece, respectiv spiritualitatea oarecum vagă, dar caldă. La fel de bine, o miriadă de mituri s-a născut și a fost propagată, de nenumărate ori cu efecte nefaste. Îmi place să cred că avem trupuri desăvârșite, pe care trebuie să le descoperim, să le cultivăm, să le îngrijim. Că lucrurile care se află în jurul nostru, aici și acum, constituie raiul nostru și nu avem nevoie de proiecții sau promisiuni post-mortem. Că spiritualitatea fiecăruia contează enorm, dar ea trebuie rezumată la binele făcut pentru propria persoană și pentru cei de lângă noi. Că suntem mai legați între noi decât credem. Că trebuie să ne bucurăm, cu recunoștință, de viețile noastre. Că avem misiunea de a ne păstra psihicul în armonie. Că e păcat să rămânem singuri. Că inima noastră merită cele mai frumoase povești din lume, cu iubire, cu uimire, cu bucurie.

Îmbrățișare de organe

Îmi place să cred că toate organele din corpul nostru stau îmbrățișate și lucrează în armonie, fiind controlate prin procese fine, în majoritate cu un supervizor ce deține aproximativ 88 de miliarde de neuroni și care este, firește, creierul nostru. Echilibrul psihic este crucial pentru buna funcționare a întregului organism, iar orice tulburare aici poate da peste cap alte organe. În depresie și anxietate vorbim de palpitații, arsuri stomacale, dureri sternale, stare de oboseală, libido diminuat, cefalee, ameţeli, crampe musculare, practic orice sistem sau organ suferă. O voi spune iar şi iar: este o tragedie să stăm cu asemenea afecţiuni, să nu vorbim deschis despre ele şi să nu acceptăm o reparare la specialişti, pentru că, în timp, ne sunt crescute riscurile pentru principalele afecţiuni cronice, iar calitatea vieţii scade drastic.

Înţelegerea, măcar în linii mari, a rolului fiecărui organ este importantă. Am încercat o împărţire a capitolelor pe organe principale şi o analiză sumară a patologiilor cele mai frecvente, dar şi a simptomelor, semnelor şi sindroamelor care le îmbracă.

Inima este aşezată pe centrul toracelui, cu vârful spre stânga. La adult, are aproximativ dimensiunea pumnului drept. Rolul principal este de pompă, trimiţând sângele prin tot organismul, dar mai există rol de secretare a unor substanţe care pot dilata vasele sau pot stimula diureza (producerea de urină la nivelul rinichilor).

Creierul se află situat în cutia craniană şi reprezintă o aglomerare de celule nervoase legate sau nu între ele. Este sediul tuturor proceselor ce implică acele două componente, conştientă şi subconştientă. Este cauzatorul conştiinţei. Aici au loc procese ample de gândire, memorare, uitare, analizare de informație, decizie, control al celorlaltor organe.

Plămânii sunt organe-pereche situate în torace, implicate în schimbul gazos din respirație. Ele se umflă și se dezumflă prin mișcarea cutiei toracice care antrenează pleura; alveolele, sacii respiratori terminali, preiau din vasul sangvin, care are raport intim cu peretele alveolar, dioxidul de carbon rezultat din metabolism și transferă oxigenul necesar supraviețuirii în interiorul vasului de sânge. Actul respirator este semivoluntar, fiind controlat de creier, prin centrul dedicat. Plămânii au și rol de detoxifiere (în sensul de eliminare al unor produși de metabolizare), de producere a unor substanțe cu acțiuni în alte organe, dar și imunologic, prin multitudinea de celule aflate aici și care participă la apărarea constantă.

Ficatul este o uzină incredibilă și aici se metabolizează substanțele provenite din alimentație sau din diverse linii metabolice. Se află în zona denumită hipocondru drept, adică pe partea dreaptă, sub rebordul costal. Celulele hepatice produc continuu bila, un lichid cu rol în digestie. Ficatul are roluri cruciale și în imunitate. Deține un potențial remarcabil de regenerare.

Stomacul este o cameră virtuală care primește alimentele masticate și continuă digestia, amestecând totul cu primele sucuri digestive. Zona sfincterială (sfincterul este un fel de supapă) care separă stomacul de esofag se numeşte cardia. Zona sfincterială care separă stomacul de duoden se numeşte pilor. Stomacul are şi rol hormonal.

Esofagul este tubul prin care alimentele masticate coboară din faringe până în stomac.

Pancreasul este situat în spatele stomacului, fiind un organ cu rol de producere a sucurilor digestive, dar şi a unor substanţe cu rol hormonal. Produce şi insulina, hormonul principal de control al glicemiei (valoarea glucozei din sânge).

Splina se află în partea stângă, sub cutia toracică, fiind aşezată profund. Aici sunt degradate anumite celule circulante din sânge, cum ar fi cele roşii. Splina intervine şi în modularea unor constituenţi imuni.

Intestinul subţire înseamnă porţiunea de la stomac la intestinul gros. Prima parte se numeşte duoden. Rolul principal este cel digestiv, dar există multiple alte funcţii, de la imunitate până la producerea unor hormoni.

Intestinul gros continuă intestinul subţire şi străbate, de la dreapta spre stânga, toată cavitatea abdominală. Se numeşte şi colon, iar aici se absorb ultimele nutriente şi se definitivează digestia.

Rinichii sunt organe-pereche cu rol de epurare a sângelui şi eliminare a substanţelor toxice prin urină. Ei filtrează continuu sângele. Participă la fenomene fine, cum ar fi menţinerea unor parametri constanţi ai sângelui.

Vezica urinară are rol principal de depozit, asigurând stocarea urinei venite de la rinichi prin două tuburi denumite uretere, respectiv eliminarea ei printr-un tub inferior denumit uretră.

Aparatul analizor include toate componentele care culeg informaţii din lumea înconjurătoare: ochi, limbă, urechi, nas, piele. Multe au funcţii mixte.

Aparatul locomotor include sistemele osos, muscular şi conjuncţiile dintre ele.

Aparatele reproductive au, fireşte, deosebiri şi deservesc rolul principal de reproducere, dar şi de eliminare a urinei prin uretră, respectiv roluri hormonale complexe.

Tiroida este o glandă complexă, situată în partea anterioară a gâtului. Produce hormonii tiroidieni ce reglează anumite linii metabolice şi disfuncţiile de aici pot avea reverberaţii în întregul organism.

O afectare a unui organ poate determina efecte negative în altele. Tulburările renale pot duce la afecţiuni cardiace. O patologie pancreatică poate duce la diabet, cu afectarea nervilor, ochilor, inimii, rinichilor. O afectare a unui ochi determină, de regulă, modificări în celălalt (se numeşte sinergie). Repararea afecţiunii princeps poate anula efectele secundare şi de aceea este mereu importantă vizita la medic atunci când există simptome. Dezirabilă va fi menţinerea sănătăţii, cu prevenţie, dar asta nu scoate din ecuaţie medicul. Din contră, o relaţie frumoasă şi constantă, cu examinări regulate, cu analize de rutină, cu sfaturi competente primite înseamnă prevenţie primară şi aici avem de lucrat cel mai mult. Educaţia eficientă este şi ea un pilon principal în prevenţie.

Tolerarea unor simptome atrage consecinţe nefaste şi aici trebuie să existe mereu determinare proprie, grijă pentru cei apropiaţi şi implicare. Ce bine ar fi să ne trimitem părinţii sau bunicii la medic, să-i învăţăm şi pe ei ce am citit scris de către un medic bun, să le aranjăm medicamentele, să-i determinăm să mănânce mai sănătos, să facă mişcare, să stea lângă alţi oameni.

Relația medic-pacient e cel mai frumos lucru din medicină

În urmă cu niște ani, eram de gardă, chiar în ziua de Paști. Mă așteptam să fie lejer, dar aveam câteva cazuri grave pe secție, iar oamenii s-au prezentat cu duiumul cu tot felul de afecțiuni, preponderent digestive. La masa oferită de spital aveam inclus și-un ou albastru. Un domn cu o vasculită severă fugise din ATI și voia înapoi într-un salon obișnuit, că-l speria mediul de acolo. Avea ischemii periferice și zone sângerânde, umplând cearșafurile de pete. Spunea că se sinucide. Nu mai știam ce să-i facem și cum să-l liniștim. Ne-am luptat cu el toată garda, iar spre seară, colac peste pupăză, a început să stea pe tensiuni foarte mari și a intrat în edem pulmonar. L-am stabilizat cu greu și am rămas aproape toată noaptea.

Spre dimineață respira bine, dar starea îi era gravă, pentru că mâinile și picioarele pierdeau din țesut, din sânge, cu dureri groaznice. În tot acel tablou, când să schimb garda, pacientul s-a ridicat în șezut și m-a întrebat dacă vreau să ciocnim ouă, că îi adusese soția câteva. I-am zis că da, și-am fugit să iau oul meu albastru. Nu știu cum îl pusesem pe o masă, că, luându-l în mână, am observat că e crăpat. Poate așa mi l-au și adus, nu mai știu. Am luat oul albastru și m-am dus în salonul în care era doar pacientul. El și-a ales un ou ascuțit, roșu. Pe moment, i-am spus că dacă va ieși învingător, se va face bine și va pleca acasă în câteva zile. Vârf în vârf, mi-a spart imediat oul. A zâmbit. L-am atins pe umăr, m-am uitat la ochii lui, la patul răvășit, la fereastra prin care soarele trimitea deja raze calde spre noi.

Mi-am luat la revedere și am plecat. Nu s-a mai făcut bine. Pe undeva, știam asta, că boala era prea grea. S-a întors în ATI și, în câteva zile, a plecat într-un fel acasă. M-am gândit că, măcar a doua zi de Paști, după ce ieșise învingător la spartul ouălor, o bucată de optimism s-a cuibărit în el și i-a făcut ziua un pic mai frumoasă. Inima mea nu uită nicio poveste. Unele sunt cumplit de triste, dar mergem înainte așa, știind că, pe undeva, am reușit să alinăm din niște suferințe. Măcar un pic. Sunt cazuri în care medicul, prin vocația bunăvoinței și modul său de a fi, poate pune calmul într-un caz greu, plin de durere și chin. Le-aș recomanda tuturor colegilor să nu fugă de astfel de momente, ci să fie aproape de pacienți, chiar atunci când medical nu se mai pot face multe lucruri. Ei au nevoie și de altfel de intervenții, de o vorbă, o privire în ochi, o atingere. Toți, nu doar cei aflați în situații extreme.

Oamenii nu sunt niciodată un aparent simplu cumul de diagnostice, de constante și variabile. Ei sunt povești de viață, cu amintiri, legături, trăiri, speranțe. Iar medicul care depășește planul rece şi strict al medicinei nu va avea de pierdut, ci-şi va strânge în inimă poveşti care-l vor face să meargă altfel înainte. Relaţia medic – pacient, dezvelită de orice scut absurd, e cel mai frumos lucru din medicină.

Ştiai că?

Dragă inimă este prima carte scrisă de Vasi Rădulescu, ea ajungând rapid un bestseller cu peste 350.000 de cititori. Îţi recomandăm să citeşti această călătorie impresionantă care gravitează în jurul inimii şi are o funcţie de reset pentru propria persoană: ce contează cu adevărat în viaţă când dai la o parte toate fugile după lucruri materiale? Autorul a văzut în spital suferinţa cruntă a unor oameni şi relatează acele întâlniri când, dincolo de medicină, dincolo de orice strat superficial care cade imediat, pacienţii au puterea de a se deschide şi a-şi povesti vieţile.

Găseşti cartea pe www.readersdogood.ro sau www.drvasiradulescu.ro, în secţiunea Shop.

Ce ar trebui să știe toată lumea despre sănătate

Fără griji aici, că fiecare item va fi abordat în capitole separate.

1. Cea mai importantă rămâne mereu prevenția primară, adică măsurile ce trebuie luate pentru a nu face o boală anume. Am pus preț deosebit pe acest capitol și voi pune în continuare.
2. Cum să recunoști un AVC (accident vascular cerebral). Capitolul dedicat va fi de mare ajutor.
3. Ce să faci în caz de infarct miocardic acut. Din păcate, se întâmplă și la tineri de 20 de ani și trebuie să știm să acționăm repede.
4. Crize de epilepsie. Cum apar, de ce apar, mai ales ce trebuie făcut.
5. Chestiuni de bun-simț din alimentație. Câteva liste din această carte pot fi consultate oricând. Promovarea normoponderalității este crucială.
6. Manevre BLS, adică basic life support. Ce să facem dacă cineva e în stop cardiopulmonar, cum să acordăm primele măsuri de ajutor, cum să facem un masaj cardiac extern - sunt lucruri extrem de importante și oricine trebuie să le știe.
7. Să discernem între medicina adevărată și procedurile care n-au nicio dovadă științifică în spate. Oricât s-ar supăra unii oameni, din păcate, homeopatia nu e susținută de niciun studiu solid, ci doar de păreri subiective. Nu e cel mai mare rău,

pentru că sunt promovate ape speciale, rezonanțe, cristale, computere magice și alte minuni care nu funcționează. Când lumea cu boli grele apelează la ele, se pierd șanse importante și timp prețios.

8. Pastilele trebuie luate rațional. Nu facem abuz de nimic. Luăm la nevoie, ideal la stricta recomandare a medicilor. Conceptul de overmedication este o problemă mare acum.

9. Sursele medicale de informare trebuie să fie ideal niște medici. Medicina povestită vă stă mereu la dispoziție, la fel și platforma www.drvasiradulescu.ro, dar nu sunt eu buricul pământului și am recomandat mereu deschis alți medici sau alte proiecte.

10. Să ne cunoaștem bolile bine, să știm ce pastile luăm și potențialele efecte adverse, dar fără să cădem în gânduri negative excesive și să ne fie teamă de reacții neplăcute. Există nocebo, adică tindem să atragem efectele adverse dacă ne gândim prea mult la ele.

11. Să avem habar cum funcționează organele în noi, de ce nu doare creierul sau ficatul, cum se pot deregla ele, cum să le îngrijim. Să le știm și denumirile corecte, că bila nu e organ, apendicita nu e segment de colon, glanda nu e tiroida și multe altele.

12. Măsuri de contracepție, prevenție de boli sexuale. HIV și hepatitele fac multe victime, sarcinile nedorite apar și la 11-12 ani, celelalte boli cu transmitere sexuală sunt puternic reprezentate. Educația aici trebuie făcută din timp.

13. Regulile de prezentare la o cameră de gardă,

pentru a evita haosul.

14. Răul pe care ni-l pot face alcoolul, sarea, grăsimile, fumatul, drogurile, zahărul și, în general, toți factorii care ne erodează organismul atunci când sunt consumați în doze mari (sare, grăsimi, zahăr, alcool) sau indiferent de doză (tutun, droguri).

15. Cât de important este aparent banalul spălat pe mâini.

16. Medicii sunt oameni și ei, cu boli, suferințe, limite, neajunsuri.

17. Somnul are o importanță deosebită în starea de sănătate.

18. Cât contează izolarea, tulburările psihice în arhitectura sănătății.

Ce vrea orice pacient să știe atunci când iese din spital

Fie că a fost internat în chirurgie sau pe secție medicală, orice pacient are o mulțime de neclarități atunci când se externează și ideal ar fi ca medicii să limiteze lista și să-i ofere cât mai multe informații valoroase.

1. Ce înseamnă acele diagnostice? Un pacient poate rămâne cu niște diagnostice pe care le poartă chiar întreaga viață. Medicul va explica aici, în cuvinte simple, ce semnifică acei termeni. Pacientul trebuie să-și cunoască bolile avute.

2. Ce pastile am voie să iau? Sunt cazuri în care, după o intervenție chirurgicală, pacientul vrea să știe ce pastile are voie să ia. Medicul îi va explica despre diferitele clase de antialgice (medicamente împotriva durerii) sau antiinflamatoare, spunându-i exact ce, cum și cât poate lua din fiecare.

3. Care este schema de tratament? De multe ori, pacienții vârstnici au scheme complexe cu medicații care-i pot încurca. Se prezintă la gardă oameni care au luat prea mult acenocumarol (anticoagulant oral), digoxin (un medicament cardiotonic și antiaritmic) sau metoprolol (clasa betablocantelor, cu efecte multiple asupra inimii). Ei trebuie să primească, separat de biletul de externare, o schemă lizibilă, logică, pe care să și-o lipească de un dulap sau perete. Ideal, medicațiile le vor fi aranjate de către familie.

4. Ce pot să mănânc? Alimentația este extrem de importantă și aici oamenii au mereu lipsuri la acest capitol. Unii cred că nu au voie să consume proteine. Alții că o ceașcă de cafea le va face mult rău. Mulți nu știu, de exemplu, de binecunoscuta interferență dintre grepfrut (inclusiv suc) și multe medicamente (anticoagulante, antiinflamatorii, antibiotice). Medicii ar trebui să-și pregătească niște texte și să le ofere fiecărui pacient la externare.

5. Am voie să beau alcool? Lucrurile aici sunt discutabile și un pacient aflat pe o medicație cronică trebuie să evite consumul de alcool. De asemenea, cei cu patologii renale, hepatice, digestive (altele decât hepatice), cardiace (de tip aritmii, forme severe de insuficiență cardiacă) trebuie să evite consumul de alcool. În rest, moderația intervine și-n acest capitol. Un consum modest, de 20-30 de grame de alcool la unele ocazii, nu ridică riscul anumitor boli.

6. Am voie să fac sex? Este un capitol important al vieții și nimeni nu va da restricții aici, poate doar dacă există tulburări severe cardiace și e nevoie de prudență sau în primele zile de după o intervenție chirurgicală.

7. Voi rămâne toată viața cu aceste diagnostice? Cu unele, din păcate, da. Multe se pot ameliora cu o viață bazată pe principii sănătoase, fiecare medic trebuind să recomande pacientului mișcare, alimentație optimă, atmosferă relaxantă.

8. Pot face mișcare? Chiar și după un infarct miocardic acut, pacientul trebuie să facă mișcare. Urcat niște trepte, mers pe jos pe distanțe mai lungi, o alergare din când în când, înot, bicicletă – trebuie să ne mișcăm. Sedentarismul ucide.

9. Iau aceste pastile toată viața sau doar câteva zile? Mulți nu știu că anumite pastile se iau, în principiu, toată viața și ele se optimizează constant la controale. Unii primesc șapte zile de antiinflamator, dar cred că trebuie luat fără oprire și continuă să ia un medicament care poate face mult rău. Orice indicație trebuie să fie clară.

10. Când revin la un control? Este important ca

pacientul să știe când va fi revăzut. După o intervenție e nevoie de schimbarea pansamentelor. La o hipertensiune arterială e nevoie de monitorizarea valorilor și optimizarea schemei de tratament. La o poliartrită reumatoidă e nevoie de verificări periodice. Orice pacient trebuie să știe exact când va fi revăzut de medicul curant.

11. Cât mai trăiesc? E cea mai grea întrebare. Unii află că au un cancer sau altă boală grea. Medicul trebuie să le explice conduita ulterioară și să evite informațiile brutale, putând oferi niște marje orientative.

12. Pot să mă întorc la muncă? Sunt cazuri diverse în care se recomandă concediu medical sau, dacă există o corelație strictă între patologie și locul de muncă, schimbarea ori renunțarea la acel mediu.

13. Trebuie să slăbesc? Da. Normoponderalitatea este dezirabilă mereu. Se recomandă un consult la medicul specialist în diabet și boli de nutriție, ideal și la psiholog. Atingerea normoponderalității înseamnă riscuri reduse pentru principalele boli și ameliorarea suferințelor date de cele deja avute.

14. Este contagios ce am eu? Poate pacientul are o hepatită virală sau chiar infecție HIV. I se va explica exact ce trebuie să facă, pentru a limita răspândirea în populație.

15. De unde mă pot informa? Dr. Google și forumurile deschise sunt, de regulă, nocive. Fiecare pacient trebuie să-și strân-gă surse bune de informare, ideal cu articole scrise de medici. În limita timpului avut, medicul de familie poate răspunde la întrebări. Niciun pacient nu trebuie să exagereze cu prospectele, citind toate posibilele efecte adverse (le poate atrage via nocebo). O informare decentă, din surse genuine, cu o atitudine pozitivă, e de îmbrățișat.

E bine să știi aceste coduri de culoare când ajungi la UPU

Orice prezentare la UPU este triată de o asistentă cu experiență sau un medic din liniile de gardă. Există o codificare simplă, bazată pe niște culori și ar fi bine ca oricine să o cunoască.

Codul roșu înseamnă implicare promptă, fiind o urgență maximă, ce necesită măsuri de resuscitare. Prin resuscitare nu se înțelege automat masaj cardiac extern sau defibrilare, aici fiind incluse și dezobstrucțiile căilor aeriene, refacerea volemiei, oprirea rapidă a unei sângeri, manevre în caz de supradozaj cu medicamente sau alte substanțe. Tot ce este urgență maximă primește imediat codul roșu și necesită mobilizarea personalului pentru a salva viața acelui pacient. Nu există timp de așteptare aici.

Codul galben înseamnă abordare în cel mult 15

minute, fiind urgență critică, cu risc mare de a trece în roșu. Includem aici insuficiențele respiratorii acute, durerile toracice acute, alte dureri severe, insuficiență evidentă de organ, salturile mari de tensiune arterială cu dezvoltare de edem pulmonar acut, accidentele vasculare cerebrale cu risc înalt, etc. Personalul medical nu va scăpa din vedere pacientul și va mobiliza imediat resursele pentru o verificare riguroasă.

Codul verde poate însemna preluare în cel mult 60 de minute, pentru că datele preliminare nu arată afecțiuni care pot pune viața în pericol în perioada imediat următoare. Includem aici toate urgențele care implică dureri fără substrat critic, valori tensionale mari, dar fără risc de edem pulmonar sau hemoragie cerebrală, infecții, inflamații diverse.

Codul albastru nu are acuze tipice de urgență și poate însemna așteptare de 120 de minute sau mai mult. Includem aici o febră fără alte simptome de severitate, o tumefacție articulară, dispepsie (se va cuantifica bine, existând cazuri de infarct miocardic acut cu tulburări digestive), tuse, diaree, erupții cutanate care nu sunt cuprinse în sfera alergiilor severe.

Codul alb reprezintă pacientul care necesită o injecție, un vaccin, o schimbare de pansament, neavând acuze clinice. Acesta poate aștepta câteva ore până la preluare. Codurile albastru și alb pot fi oricând direcționate către ambulator, pentru a diminua fluxul de la UPU.

Reguli de prezentare la camera de gardă

Acest text conține o serie de recomandări pentru o bună conduită în prezentarea la UPU:

Dacă nu există o urgență reală, orice om ar fi indicat să meargă la medicul de familie sau la ambulator.

Orice bilet de trimitere în regim cronic este invalid la UPU. Departamentul de gardă nu face internări pentru afecțiuni cronice, ci se ocupă de urgențele reale, care pot fi gestionate adhoc sau necesită internare ulterioară pe una dintre secțiile spitalului.

Prezentarea la UPU pentru a face niște investigații sau pentru a satisface niște curiozități ar trebui eliminată, pentru că nu face decât să sufoce personalul ocupat cu lucruri deosebit de grele și importante.

Orice prezentare este triată de o asistentă cu experiență sau un medic din liniile de gardă. Codul roșu necesită implicare promptă, fiind o urgență maximă, ce necesită măsuri de resuscitare. Codul galben înseamnă abordare în cel mult 15 minute, fiind urgență critică, cu risc mare de a trece în roșu. Codul verde poate însemna preluare în 60 de minute, pentru că datele preliminare nu arată afecțiuni care pot pune viața în pericol. Codul albastru nu are acuze tipice de urgență și poate însemna așteptare de 120 de minute sau mai mult. Codul alb reprezintă pacientul care necesită o injecție, un vaccin, o schimbare de pansament, neavând acuze clinice. Codurile albastru și alb pot fi oricând direcționate către ambulator.

Ambulanța nu este mijloc de transport pentru orice lucru. Când un om face presiuni pe ambulanță să îl ducă la spital pentru un deget umflat, gândiți-vă că acea ambulanță putea lua un om cu infarct miocardic acut.

Prezentarea cu ambulanța nu înseamnă neapărat urgență și nu va fi un consult cu prioritate. Se va supune aceluiași triaj și pacientul poate fi trimis pe hol să aștepte, fără să sară rândul folosindu-se de unele artificii.

Orice agresiune verbală sau fizică asupra cadrelor medicale este interzisă. În cazul în care se produce, poate însemna pedeapsă cu închisoare. Este nevoie de empatie bilaterală în acest mediu greu, nu de tensiuni și amenințări care nu fac niciun bine nimănui.

Orice manevră, exceptându-le pe cele critice, necesită acord între medic și pacient. Niciun tratament nu este făcut cu forța. Pacientul poate refuza o pastilă sau o perfuzie.

Pacientul trebuie să își știe bine istoricul medical și tratamentul cronic, precum și potențialele alergii la unele medicamente.

Este recomandat ca pacienții să evite folosirea termenilor medicali care pot îngreuna anamneza și actul terapeutic. Se va vorbi cât mai simplu, clar, în termeni ușor de priceput.

Oferirea de bani personalului medical pentru a obține un consult cu prioritate este strict interzisă. Corolar, niciun membru al echipei de gardă nu trebuie să dea de înțeles că nu vede pacientul fără a primi o atenție materială. Oricine observă așa ceva va suna la linia de raportare a condiționării actului medical, 0800.806.806.

Camera de gardă nu este centru de second opinion. Orice nelămurire prinsă de pe internet nu va fi clarificată de către medicul UPU, care trebuie să-și dozeze timpul și energia pentru urgențe, nu pentru verificat dosare de zeci de pagini sau pentru satisfăcut unele curiozități, în lipsa unor simptome de urgență.

Familia pacientului nu are voie în UPU. Va aştepta pe hol şi va fi contactată de către echipa de gardă, care trebuie să ofere informaţii despre caz.

Orice pacient ar trebui să aibă în posesie câteva acte medicale mai recente, atunci când este cazul, pentru a uşura munca medicilor.

Prezentarea la câteva zile cu aceleaşi tulburări (spre exemplu anxiosdepresive) ar trebui evitată. UPU nu este centru de psihoterapie.

Medicina nu este joacă şi camera de gardă înseamnă urgenţă, stricteţe, reguli clare. Cum sunt cele de sus. Momentan, UPU la noi înseamnă haos şi medicul este sufocat de cazuri care nu au ce căuta acolo, de energii negative, de înjurături. Cu educaţie şi respect, cu empatie bilaterală, cu atitudini pozitive putem ameliora aceste neajunsuri.

Cum să acorzi primul ajutor

Dacă credem că nu ni se poate întâmpla niciodată să fim martorii unui stop cardiorespirator, greşim teribil. Un prieten, o rudă, un actor pe o scenă, un străin pe stradă sau oriunde altundeva în spaţiul public poate suferi, să zicem, un infarct miocardic acut masiv, care să ducă repede la stop. Persoana se prăbușește. Putem alege să fim nepăsători (refuz să cred că cineva ar alege asta) sau ne putem implica imediat în măsurile corecte de prim ajutor. Ca să ne implicăm, trebuie să deținem cunoștințele necesare și tăria să trecem peste emoțiile momentului. Sunt clipe cruciale, când fiecare secundă scursă înseamnă enorm și persoana în cauză își poate pierde șansele la viață. Infarctul miocardic nu iartă; dacă se întâmplă și e semnificativ, inima își pierde contractilitatea suficientă, intră într-un cerc vicios și se oprește. Fără pompă, sângele stagnează. Fără oxigen, țesuturile mor, creierul făcând-o cel mai repede. E nevoie de o orchestrație atentă și totul poate fi gestionat și refăcut, dacă pacientul ajunge pe mâinile specialiștilor.

În orice caz în care o persoană își pierde starea de conștiență, ne vom apropia de ea și vom încerca să o trezim, țipând și scuturând-o. Mă auzi? Mă auzi? Dacă e nonresponsivă, îi verificăm imediat respirația și pulsul. Respirația o putem testa punând urechea deasupra gurii și uitându-ne în același timp la torace, să vedem dacă se mișcă. Actul respirator duce la mobilizarea aerului prin căile aeriene și la deplasarea toracelui, e logic. Dacă nu remarcăm nimic, persoana e, momentan, în stop respirator. Nu cardiorespirator, pentru că nu avem informații despre inimă. Ideal este să ne orientăm, oarecum sinergic, pe gâtul persoanei, punând degetele unei mâini în zona laterală, pe marginea anterioară a mușchiului sternocleidomastoidian, la 2-3 centimetri sub bărbie. Acolo se află artera carotidă și putem percepe ușor pulsul. În caz de absență, e clar că persoana e în stop cardiorespirator.

Trebuie să începem masajul cardiac extern. Poziția obligatorie este pe spate. Se trage de capul persoanei în stop spre spate, eliberând astfel calea aeriană principală, traheea. Bărbia sus. Cel care face masajul va sta în dreapta, nu suit pe persoana inconștientă. Se pune podul palmei peste cealaltă mână și se așază mâinile pe centrul toracelui. Nu pe stânga, ci pe centru, la unirea 2/3 superioare cu 1/3 inferioară ale sternului. Coatele trebuie să rămână fixe, drepte, altfel se pierde din forță și masajul va fi ineficient. Apăsăm cu putere, cadențat, la frecvența 100 de compresii pe minut. Formula 1 și 2 și 3 și 4 și 5 și... poate ajuta aici. Sternul trebuie să coboare cu aproximativ 5 centimetri pentru un masaj bun, care să antreneze sângele prin inimă și sistemul circulator, asigurând o tensiune arterială minimală, dar suficientă pentru prezervarea organelor. Se continuă masajul. La 30 de compresii se pot face două respirații gură la gură, apoi se reia masajul. Dacă sunt mai multe persoane lângă omul în stop, acțiunile se pot coordona. Masajul este extenuant chiar și pentru medicii antrenați, așa că poate cere rotirea celor care îl fac. Dacă se aud trosnituri ale coastelor, nu vă temeți. Ele se pot desprinde, dar nu se rup așa ușor. Masajul cardiac extern se continuă până când victima infarctului își revine sau este preluată de echipajul de intervenție care, desigur, trebuie anunțat imediat când se decelează stopul. Dacă acela care a făcut stop își recapătă starea de conștiență și respiră spontan, se opresc manevrele, se monitorizează atent totul, se stă acolo și se insistă pentru ajungerea la un spital.

Pentru că multe stopuri cardiace au la bază tulburări de ritm (inima nu mai bate regulat și în jur de 60-70 de ori pe minut, ci haotic și foarte repede în fibrilația ventriculară sau rapid și regulat în tahicardia ventriculară), este indicat să se folosească defibrilatoarele în spațiile care au asemenea dotări. Se va plasa victima pe spate, se va elibera toracele, se vor lipi electrozii pe piept, se va porni aparatul și el singur decide dacă eliberează sau nu șoc electric, fiind automat. Șocul poate fi eficient în tulburările de ritm amintite, dar nu are nicio valoare în asistolie. Șocul practic anulează activitatea electrică a inimii și-i dă șansa să reporneaască singură, curat. În asistolie, când e practic oprită, defibrilatorul nu are ce șansă să-i mai dea. În practică însă va fi oricum folosit dacă e la îndemână. În cazul lipsei unui răspuns, se trece la MCE (masaj cardiac extern).

Am amintit că substratul poate fi un infarct miocardic masiv, adică un cheag de sânge desprins dintr-o placă de ateroscleroză, migrat în vas și oprit acolo unde calibrul vasului este mai mic. Arterele inimii, numite coronare, emerg din baza aortei și irigă întreaga structură a cordului, având calibrul din ce în ce mai mic de la origine până la terminarea lor. Cheagurile (se numesc și trombi) pot bloca în întregime o coronară și atunci apare cel mai sever infarct, depinzând, desigur, și de artera obstruată, că unele sunt mai importante decât altele. Dacă resuscitarea s-a făcut cu succes și victima ajunge la spital, cardiologii intervenționiști vor intra cu catetere prin arterele radială (antebraț) sau femurală (coapsă) până în coronare, vor cartografia imediat starea coronarelor, vor identifica sediul obstrucției și, ghidat, vor resoarbe materialul blocat, apoi vor monta un arculeț (stent) care să deschidă vasul de sânge. Stentul poate fi simplu sau impregnat cu substanțe care să repare suprafața vasului de sânge. Odată lumenul (suprafața internă a vasului prin care circulă efectiv sângele) refăcut, mușchiul inimii nu mai suferă privare de oxigen și simptomele infarctului se remit.

La stop pot conduce multe alte entități, de la embolism pulmonar masiv (cheag de sânge blocat în arterele plămânilor) până la accident vascular cerebral, dar asta e treaba specialiștilor. Măsurile de basic life support sunt aceleași.

Recapitulăm:

1. Identificăm problema.

2. Încercăm să vedem dacă persoana răspunde la stimuli verbali sau chiar dureroşi.
3. Dacă nu răspunde, verificăm repede respirația, ideal şi pulsul.
4. În lipsa lor, persoana e în stop cardiorespirator.
5. Anunțăm serviciul de urgență 112.
6. Dacă avem defibrilator la îndemână, îl folosim.
7. Dacă nu se obține răspuns sau aparatul nu dă şoc, trecem imediat la masaj. Punctul 6 se sare, fireşte, dacă nu există aparat.
8. Masajul se face stând în dreapta persoanei, cu podurile palmelor unul peste altul, pe centrul sternului, 2/3 superioare cu 1/3 inferioară.
9. Frecvență 100 pe minut, coatele drepte, sternul să coboare aproximativ 5 centimetri.
10. La 30 de compresii se pot face două respirații viguroase, gură la gură.
11. Compresiile nu se opresc până la venirea ajutorului specializat sau la revenirea conştienței.

Urmează să mă operez

Vine o vreme în viața unora dintre noi când facem o intervenție chirurgicală, fie în urgență, fie în regim cronic, cu programare: o apendicectomie, o corecție a unei deviații de sept nazal, o corecție a unei hernii discale, o reparație a unui defect articular, o rearanjare a anselor în ocluzia intestinală, o rezecție a unei formațiuni tumorale și tot așa. Din păcate, lucrurile acestea se întâmplă. O operație înseamnă stres, incertitudini, recuperare, multe semne de întrebare. Trebuie să știți că o intervenție laborioasă ce presupune anestezie generală va include analize de sânge, consult riguros din partea medicului curant, un consult preanestezic, eventual alte examinări conexe (cardiologic, de exemplu) și ideal suport psihologic preoperator, dar și postoperator. Internarea se face cu câteva zile înainte de intervenția propriu-zisă, pentru a fi suficient timp de consulturi și investigații; când examinările diverse concluzionează că operația se poate face, echipa chirurgicală realizează procedura în sală, de obicei dimineața. Un medicament sau o substanță preanestezică se poate administra, pentru a relaxa pacientul. Inducerea anesteziei se face cu substanțe intravenoase și/sau gazoase, în proporții pe care medicul anestezist le calculează dinamic. Scopul este abolirea transmiterii dureroase, anularea stării de conștiență și obținerea amneziei. Pacientul nu trebuie să simtă durere, să rămână treaz sau să-și amintească din intervenție ceva; firește, în cazul unei anestezii locale, datele se schimbă. Așa cum am discutat în capitolul dedicat, anestezia generală este un stres mare pentru organism și fiecare poate reacționa distinct, de aceea monitorizarea, culegerea informațiilor cu atenție, limitarea anesteziilor într-o anumită perioadă sunt elemente deosebit de importante. Când intervenția s-a terminat, anestezistul oprește substanțele anestezice și poate administra un antidot pentru recăpătarea stării de veghe, fiecare pacient trezindu-se mai ușor sau mai greu. Imediat există o stare euforică, apoi pot apărea fenomene diverse: greață și tranzit dificil la intervențiile pe abdomen, vezică urinară neurologică cu micțiune dificilă, amețeli puternice, augmentarea durerii. Toți parametrii vitali sunt monitorizați în timpul intervenției și imediat postoperator (saturație în oxigen, tensiune arterială, ritm cardiac). Când medicii consideră că starea o permite, pacientul poate fi mutat într-un salon obișnuit, continuând acolo refacerea, cu medicație antalgică specială, cu aport hidric venos la nevoie, cu diferite consulturi interdisciplinare, pentru evoluție bună cât mai rapidă.

Am scris intens despre relația medic-pacient și cred că în chirurgie e loc de contacte detensionante, mai ales înainte de intervenție. O privire în ochi, o strângere de mână, o vorbă liniștitoare pot conta enorm pentru pacient. Răspunsurile sigure și simplificate la întrebări sunt obligatorii, pentru că orice om are multe întrebări înainte de operație. Este deosebit de importantă mobilizarea precoce, indiferent de tipul de intervenție, pentru că decubitul prelungit în pat crește riscul de embolie pulmonară (cheag de sânge format cel mai frecvent în membrele inferioare sau bazin, migrat și ajuns în plămâni). Se va avea grijă la antiinflamatoarele nonsteroidiene, pentru că pot crește tensiunea arterială. Se va avea grijă la substanțele puse pe venă pentru hidratare, pentru că serul fiziologic în exces poate duce la edem pulmonar (trecerea lichidului în alveole, cu inundare și perturbarea schimbului gazos). Aparținătorii pot intra în salon, dar vor purta halat și botoși, se vor spăla pe mâini și vor interacționa direct cât mai puțin cu obiectele sau cu ceilalți oameni.

Nu există operație banală în chirurgie. Orice intervenție, chiar și apendicectomia, presupune rigurozitate, tehnică bună, experiență multă, riscuri de manageriat. Respectarea indicațiilor chirurgului, comunicarea sinceră cu acesta, însușirea recomandărilor trecute pe scrisoarea medicală, revenirea la control după etapele discutate, comunicarea deschisă a patologiilor deja prezente, a posibilelor reacții adverse la anumite substanțe, complianța la regimul alimentar indicat reprezintă ingrediente ale trecerii cu bine prin intervenție și o recuperare fără incidente.

În caz de urgență, pregătirea comodă a intervenției de multe ori nu e posibilă. Există cazuri grave în care medicii culeg repede niște informații prin examinare directă, analize procesabile rapid și investigații imagistice, apoi intră în sală. Sunt și cazuri în care se intră direct în sala de operație, cauza fiind evidentă (traumatisme auto, prin cădere, incendii). În toate scenariile, doar faza preoperatorie se modifică, în rest neexistând diferențe semnificative.

Câteva exemple de intervenții:

Cura deviației de sept nazal presupune anestezie generală, intervenția se face la ORL, se remodelează septul, se introduc tampoane intranazale lungi, se stă cu ele pentru 24-48 de ore, apoi se extrag. Disconfortul local este semnificativ. Se evită, de regulă, sezoanele prea rece sau prea cald pentru operație.

Colecistectomia laparoscopică presupune scoaterea vezicii biliare cu ajutorul unor catetere. Nu se face incizie clasică, ci se dau câteva găuri în peretele abdominal anterior, prin care se introduc CO2, camere, instrumente de lucru. Recuperarea este mult mai rapidă.

Proteza de șold presupune reconfigurarea articulației coxo-femurale, construind o articulație din material biocompatibil. Se taie capul femural, se montează unul protetic cu inserție tijată înfiptă în osul restant, se aplică o nouă suprafață acetabulară (acetabulul este gaura în care stă capul femurului) și se atașează componentele. Este indicată în cazurile avansate de coxartroză, când deplasarea este semnificativ limitată.

Transplantul de ficat presupune schimbarea unei părți sau în întregime a ficatului. Se face, desigur, cu abord clasic, larg, cu anestezie generală. Posttransplant, pacientul va lua toată viața o medicație imunosupresoare, pentru ca organismul propriu să nu rejecteze organul nou.

Cura herniei inghinale presupune refacerea integrității peretelui abdominal local și ranforsarea canalului inghinal, respectând structurile care trec prin el. Chirurgul decide dacă sunt suficiente niște fire nonresorbabile sau o plasă din material biocompatibil. Eforturile intense vor fi evitate, iar alte procese care cresc presiunea intraabdominală vor fi evitate sau tratate (spre exemplu, tusea).

10 lucruri despre anestezia generală

1. În medicină, multe tratamente și substanțe au mecanisme de acțiune neînțelese, dar asta nu înseamnă că nu sunt studiate și nu sunt testate. Un exemplu este anestezia generală, unde nu se știe exact modul de acțiune al anumitor agenți asupra creierului (se crede că principală este acţiunea pe GABA, acidul gamaaminobutiric, un important neurotransmiţător). În timpul anesteziei, stimulii primiţi din corp sunt ignoraţi la nivel central. Alte substanţe induc somnul, relaxarea musculară, amnezia, pentru un confort sporit al pacientului în timpul actului operator.

2. Anestezia generală poate fi menţinută de la câteva minute până la peste zece ore, depinzând de complexitatea operaţiei. Medicul anestezist este tot timpul alături de pacient, monitorizând anumiţi parametri şi dozând substanţele administrate.

3. Anestezia generală este un şoc pentru organism, iar refacerea completă se face în mai multe zile. Există riscul de deces în timpul inducerii, menţinerii sau suprimării anesteziei. Decizia de a face o intervenţie cu anestezie generală trebuie atent cântărită de către specialişti. Cu tot avansul medicinei şi toată pregătirea excelentă a medicilor, mortalitatea a ajuns la 1:100.000.

4. După trezire, pacientul este într-o stare euforică. Mulţi reacţionează exagerat, spun lucruri lipsite de sens, râd necontrolat. Pe măsură ce efectul anestezicelor şi analgezicelor trece, apar reacţiile adverse mai puţin plăcute.

5. Reacţiile adverse la anestezia generală înseamnă greaţă, vărsături, disconfort abdominal din cauza alterării peristaltismului (mişcările normale ale intestinelor), tendinţă la hipotensiune arterială şi lipotimie, greutate la micţiune (urinare) din cauza afectării nervoase autonome, amețeală, cefalee, deficit mintal tranzitor, dureri de gât dacă se face intubarea. Aceste simptome pot dura câteva zile.

6. Creierul poate fi operat fără anestezie generală, pentru că nu are receptori de durere. Tegumentele și, mai ales, meningele sunt intens inervate, astfel că anestezia se poate concentra pe aceste sedii. Pacientul poate fi ținut treaz, fiind pus să facă anumite activități pentru a ușura, spre exemplu, excizia corectă a unei formațiuni tumorale, fără a intra în alt țesut sănătos.

7. Substanțele administrate în anestezia generală vin pe cale intravenoasă și/sau inhalatorie. Ele au rolul de a instala starea de inconștiență, suprima transmiterea durerii, seda pacientul, de a-l face să nu-și mai amintească prin ce a trecut (amnezie indusă).

8. Intubarea endotraheală poate fi necesară, deoarece mușchii respiratori ajung într-o stare de paralizie atunci când se administrează relaxante puternice (mai ales la operațiile pe torace sau abdomen). De aici și disconfortul resimțit la nivelul gâtului, imediat după operație, atunci când se intervine la nivelul feței, pe stomac, torace sau intervenția este lungă, aspecte care pledează pentru intubare.

9. Înainte de anestezia generală, medicii fac așa-numita preanestezie, administrând pacientului de regulă un medicament din clasa benzodiazepinelor, cu durată scurtă de acțiune (spre exemplu, midazolam). Rolul preanesteziei este de a pune pacientul într-o stare cât mai bună pentru intervenţie, asigurând calm şi o dispoziţie pozitivă.

10. Inducerea anesteziei este o etapă critică. O putem compara cu decolarea unei rachete spaţiale de pe rampă. Medicul trebuie să verifice bine toate sistemele, apoi să introducă anestezicul intravenos (de exemplu, propofol) sau inhalator (de exemplu, sevofluran), uneori ambele. Substanţa intravenoasă acţionează rapid. Medicul injectează, de obicei, şi un analgezic (aboleşte durerea) foarte puternic, cum ar fi derivatul opiod sintetic numit fentanyl. Menţinerea anesteziei se va face cu vapori, iar trezirea din anestezie impune diminuarea şi oprirea vaporilor, respectiv utilizarea de substanţe antidot pentru alte clase de medicamente care au fost utilizate. Pacientul va mai primi un analgezic puternic, pentru un confort sporit în regimul imediat postoperator.

25 de lucruri interesante pe care oricine ar ar fi bine să le ştie

1. Cea mai bună tensiune arterială, la adult, este 120/70 mmHg. La un moment dat consideram că vârstnicii pot sta pe tensiuni mai mari fără probleme, dar acest lucru, potrivit datelor noi, nu mai e valabil.

2. Nu există cancer, există peste 300 de tipuri de cancer. Neoplaziile sunt complexe și pot fi de mai multe feluri chiar la nivelul aceluiași organ.
3. Glanda este o denumire populară greșită a tiroidei; corpul are zeci de glande. Corect este să utilizăm mereu cuvântul tiroidă, așa cum veți vedea și-n capitolul dedicat (exprimări greșite).
4. Un om poate simți durere la nivelul unui membru superior sau inferior care nu mai există; se numește sindromul membrului-fantomă.
5. Creierul nu doare, pentru că nu are nociceptori (receptori de durere). Dor învelișurile sale (meninge) sau musculatura craniană.
6. Cea mai bună frecvență cardiacă de repaus la care raportul performanță/consum de oxigen este ideal este de 55-65 bpm.
7. Nimeni nu-și folosește doar 10% din creier.
8. Inima este primul organ funcțional și începe să pompeze când fătul are o lună.
9. Creierul consumă în regim bazal cam 25% din energia întregului organism.
10. Nu poți întări imunitatea cu suplimente sau alte minuni.
11. Afecțiunile psihice cresc riscul de apariție pentru orice boală, de la cele cardiovasculare la diabet sau cancere.
12. Rinichiul drept este ușor mai coborât față de cel stâng. Cauza este ficatul.
13. Febra poate apărea în infecții virale sau bacteriene și nu e, per se, motiv de administrare de

antibiotic.

14. Poziția bipedă a îngustat bazinul femeii și a făcut nașterile naturale mai dificile.

15. Schimbăm în timpul vieții aproape toate celulele de mai multe ori; excepție fac neuronii (există și aici moarte celulară și chiar apariții de neuroni noi din celule pluripotente, dar procesul este slab reprezentat și nu sunt diviziuni, ci formare de novo) și alte câteva celule.

16. Nimeni nu-și poate înghiți limba; nu băgați degetele în gura unui om aflat în criză epileptică - riscați să fiți mușcați sever.

17. Diabeticii pot face infarct miocardic acut fără durere, pentru că neuropatia diabetică le alterează transmiterea nervoasă.

18. Din cauza loviturilor repetate, boxerii sau jucătorii de rugby pot face leziuni permanente la nivelul creierului (encefalopatie cronică traumatică).

19. Papilele gustative nu sunt împărțite pe limbă cu fiecare zonă pentru un anumit gust; orice regiune poate percepe orice gust. Împărțirea este mai degrabă didactică.

20. Bila este un lichid format continuu în ficat și stocat în vezica biliară (numită și colecist).

21. Cancerul de col uterin poate fi prevenit în peste 95%din cazuri prin simpla vaccinare împotriva HPV la populațiile cu indicație.

22. Unul dintre cele mai importante gesturi pe care le putem face pentru sănătate este... spălatul pe mâini.

23. Există un opus de placebo care se cheamă nocebo -putem crea singuri efecte nocive dacă ne gândim prea mult la ele.
24. Suplimentele alimentare n-au nicio relevanță la persoanele sănătoase care își pot lua tot ce au nevoie din alimentație.
25. Există oameni care pot mirosi culori, vedea gustul, auzi sunete ieșite dintr-un tablou etc. Se numește sinestezie.

Cum îngrijești un om la pat

După o fractură de femur, bunica a stat în pat timp de treisprezece ani. În toată perioada asta, eu mi-am terminat liceul, am intrat la medicină, am terminat medicina, mi-am dat rezidențiatul și-am ajuns până în anul trei cu pregătirea. Mare parte din poveștile scrise le-am trăit pe viu în această perioadă, și tot timpul, într-o parte a inimii mele, știam că ea e cuibărită în pat, respiră bine, mănâncă, vorbește, se uită la televizor sau pe fereastră. Nu de puține ori am consultat paciente care semănau cu ea în glas sau fizionomie, iar asta mă umplea cu o senzație ciudată, pentru că aducea în prim-plan posibilitatea ca oricând să părăsească patul, și nu așa cum voiam eu, adică ridicându-se pentru a merge iar, ci murind. O înveleam cu alte gânduri și o păstram sub o cuvertură groasă de ceață; știam că e acolo, dar nu voiam să o scot la suprafață. Din cauza asta, de multe ori când mă duceam acasă, nici nu puteam să intru în camera ei, pentru că în mintea mea știam că trag mai aproape evenimentul întunecat. Nimic nu ne pregătește cu adevărat pentru pierderea unei persoane dragi. Proiectăm scenarii dificile și nu ne dorim să se întâmple asta vreodată, chiar dacă este inerent. Credem că nu vom găsi puterea să trecem peste. În realitate, puși în fața faptului împlinit, acumulăm în noi o energie care face acele zile acute să pară simple; avem scuturi augmentate și de prezența rudelor și a prietenilor. Ca printr-un automatism, reușim să împachetăm moartea, depășim tristețea acută și evoluăm inexorabil în propriile noastre vieți. În zilele care urmează, am vrea ca totul să fi fost o glumă, o plăsmuire. Parcă vedem acea persoană în toate locurile din jurul nostru, în toți ceilalți oameni. Inima ni se strânge, nu acceptăm realitatea, suferim cumplit într-o tulburare care devine cronică, o carență severă ce nu mai poate fi substituită. Apoi atingem o fază de platou, ne stabilizăm la un nou nivel al vieții și ne continuăm drumul. Urmează alte pierderi, pentru că totul pare a se compensa în universul ăsta. Când am adormit în patul vecinei care nu mai avea un picior, cu pisica lângă noi, nu știam cum e să stai prea mult în pat. Avusesem perioade în care dormisem și paisprezece ore sau stătusem câteva zile fără să mă mișc, prins cu oreionul sau vreo gripă, dar asta era tot. Doamna Didi era uneori pusă într-un scaun cu rotile și plimbată pe afară, prin ocoluri lungi până la biserică. Bunica nu putea așa. Ca să nu facă escare pe spate, era ridicată cu greutate în șezut la câteva ore, apoi pusă iar pe spate. Teama principală era de trombembolism pulmonar, adică cheag de sânge format prin venele picioarelor sau bazinului, care ajunge în cavitățile drepte ale inimii și de acolo este aruncat în arterele pulmonare, blocând o ramură. Dacă cheagul este masiv, și-am văzut în practica mea unele și de zece centimetri, blocajul e atât de sever, încât inima cedează, neputând să învingă barajul. Sau mai aveam teamă de un accident vascular cerebral, printr-un cheag care să plece din cavitățile stângi în arterele creierului. Trombembolism pulmonar nu a făcut, dar un AVC cred că da, pentru că la un moment dat începuse să-și miște fără voință mâna dreaptă, răsucind-o în sensul acelor de ceas. Parcă număra timpul cu mâna. A făcut asta fără oprire.

Treisprezece ani. Pentru unii poate părea puțin, iar pentru alții e mai mult decât o viață. Eram la spital când am fost anunțat că a murit. De fapt, că moare. Se întâmpla în acele momente. Avusese niște vărsături, cred că se înecase cu voma, nu a mai putut să respire, corpul i-a fost prins de spasme și asta a fost. În condițiile date, nu se putea face mare lucru. Oamenii pot muri extrem de ușor, din cauze ce pot părea banale. În tot timpul ei acolo, a fost îngrijită de doamne care veneau, îi dădeau de mâncare, o spălau, o ridicau în șezut de câteva ori, aveau grijă să nu stea prea mult în aceeași poziție, îi țineau de urât și de frumos în zile ce păreau trase la indigo. Poate părea ușor, dar e cumplit să îngrijești un om rămas în pat. Trebuie să-i verifici spatele, să-i iei ideal o saltea specială, să-l mobilizezi măcar pasiv, să-l supraveghezi constant. Gândindu-mă acum retrospectiv, îmi dau seama ce muncă titanică au făcut acele doamne și mama mea, în aproape cinci mii de zile. Poate că a fost o excepție, nefăcând embolie pulmonară sau un accident cerebral masiv. Poate că a fost o binecuvântare a universului și-n același timp o presiune teribilă pentru toți.

Știai că?

În romanul *Să-ți pui o dorință* există două punți fine cu bunica autorului, menționată în Dragă inimă. Țestoasa Maya este o altă reprezentare a bunicii, iar orezul cu lapte făcut puștiului apare de asemenea în prima carte scrisă de Vasi Rădulescu.

Găsești cartea pe www.readersdogood.ro sau www.drvasiradulescu.ro, în secțiunea Shop.

Gândirea magică

Am intrat în camera bunicii mele. Pe peretele din stânga încă stau câteva tablouri vechi, cu ea în diferite etape ale vieții. Din partea opusă vine multă lumină prin cele trei geamuri alipite. Patul nu mai e înăuntru. Era un pat solid, cu arcuri, de doi pe doi metri, care mult timp stătuse pe mijlocul camerei, dar într-un moment a cerut să fie mutat la geam, să se mai uite afară, că i se urâse să vadă doar obiectele din jur. Bunica a avut ghinionul de a patina pe gheață la un final de lună ianuarie, prăbușindu-se cu piciorul stâng în extensie forțată. S-a rupt în mai multe locuri, aproape de capul femural. Medicii n-au vrut să o opereze, sau să o opereze cu riscuri mari, că mai avea niște probleme pe la inimă, dar familia să își asume treaba asta. Sau să stea acasă o perioadă, să vedem ce se întâmplă. S-a mers pe a doua variantă și a ajuns în patul din camera ei. Zilele au trecut și, chiar dacă la imobilizări prelungite se pot forma cheaguri de sânge prin venele membrelor inferioare sau prin bazin, care pot ajunge cel mai frecvent în plămâni, cu blocaje ce pot duce la deces, ea a rezistat ca într-un ecosistem propriu, fără să o tulbure nimic.

A stat numai în pat vreme de treisprezece ani. Memoria construită în acest mediu e limitată și poate fi influențată de persoanele venite în vizită, informațiile culese de la el, sau cea venită prin intermediul unui televizor. De afară vedea foarte puțin, iar celelalte obiecte din cameră erau oricum irelevante. Primea vizite de la vecini, ceilalți membri ai familiei sau persoanele care o îngrijeau. De fiecare dată când intram la ea, mă uimea cu memoria foarte bună. Știa în ce zi suntem, în ce an. Își aducea aminte scene din trecut și le povestea la perfecție. Știa rețete de mâncare și oferea ajutor când mama avea dificultăți. Își rememora impecabil trecutul. Nu deținea niciun semn de degradare cerebrală. De la 75 de ani până la 88, a avut parte de o regresie spațială, până doar la o bucată dintr-un pat, ca un echivalent de uter. Dar nu era un copil lipsit de amintiri sau personalitate conturată prin interacțiuni multiple, ci era doldora de memorii și povești strânse în tolba proprie. Era, din această perspectivă, o fericită. Mereu spunea că și-a trăit destul viața și nu o sperie deloc moartea. Ne speria pe noi, mai mult a ei decât a noastră, chiar dacă, la drept vorbind, a ei era și a noastră. Un 8 culcat simbolizează în matematică infinitul.

Când culci doi 8 într-un pat te poți gândi la două infinituri, dar așa ceva nu există. Ți se aprinde repede o idee, proiectând valorile negative pe axa cu minus și pe cele pozitive pe cea cu plus. Minus infinit și plus infinit. I-am întins viața asta peste toată axa convențională, cu al său 0 la mijloc, de parcă am uns cu unt tartinabil toată felia de pâine a timpului.

Pare că trăim o fărâmă aici, dar cumva îmi place să visez că trăim veșnic. Știu că nu e așa. Suntem irepetabili și dispărem aproape fără noimă. Apropo, vrea cineva niște pâine caldă cu unt?

Luați aminte!

Am văzut cândva un domn de 80 de ani care nu purta niciun diagnostic, nu lua nicio pastilă. Îl priveam și cumva încercam să-mi dau seama care-i era secretul. Am mai mulți pacienți așa, care vin la controale de rutină, sunt 80+, arată ca niște floricele, mintea le e limpede, e o plăcere să-i am în fața mea.

Ce am văzut până acum:
- niciunul nu fumează;
- au făcut exerciții fizice și încă fac, fie că vorbim numai despre mersul pe jos, evident subestimat de mulți dintre noi;
- sunt foarte dinamici;
- au hobbiuri, domnul de ieri avea grijă de o grădină și o făcea cu pasiune;
- socializează;
- nu se consumă la toate nimicurile, domnul de ieri nu se gândea mai deloc la pseudofurtuna anunțată;
- mănâncă rațional, toți sunt normoponderali sau puțin peste limită, nimic exagerat, nici vorbă de

obezitate;
- nu le au cu alcoolul, câțiva mai beau niște vin sau bere din când în când;
- i-am văzut pe mulți cu cărți la ei;
- starea nu le depinde neapărat de bani, domnul avea o situație modestă, dar era împăcat cumva cu ideea;
- se bucură de ce au;
- nu se proiectează în furtuni închipuite, trăind în calmul prezent;
- își mențin o relație frumoasă cu medicul și respectă recomandările acestuia;
- au o recunoștință aparte pentru toate lucrurile frumoase care li se întâmplă și cred că așa continuă să le atragă.

Mi-ar plăcea să-i studiez mai mult, să aflu mai multe din poveștile lor. Sunt convins că e și genetica la mijloc, dar la fel de convins sunt că tot ce am văzut în conduita lor contează enorm. Luați aminte!

Să nu stai locului

Ei bine, chiar în clipa asta, Pământul se rotește în jurul axei sale cu 1.674 km/h, în jurul Soarelui cu 108.000 km/h, Soarele își trage tot sistemul solar în jurul centrului galaxiei cu 720.000 km/h, iar Calea Lactee fuge de alte galaxii cu câteva milioane de kilometri pe oră. Totul este în continuă mişcare în univers; totul se află într-o dinamică fascinantă. Cu toate acestea, undeva, într-un punct albăstrui care se cheamă Terra, aparent insignifiant în toată ecuația generală, există ființe care preferă natura moartă, o artă nu înălțătoare, ci lugubră. Eh, de fapt, chiar e înălțătoare și vă explic. Omul stă cu orele la birou. Cu orele pe scaun. Cu orele pe canapea. Cu orele în pat. Se mişcă foarte puțin sau deloc. În timp, se plânge că îl doare coloana, că nu mai rezistă la efort, că are atacuri de panică cu duiumul, că e obez, că are probleme cu inima sau cu plămânii. Situația devine înălțătoare: omul ajunge la cer şi şade de-a dreapta tatălui. Nu a tatălui celui Mare, ci a propriului tată, care a trăit la fel și a murit la fel.

Trăim vremuri anapoda. Sedentarismul, lenea dulce continuă, ne erodează fiecare organ. La naiba, oameni buni, ați fost maimuțe, alergați și săreați prin copaci în trecut și acum alergați, dar după computer sau cu ochelarii de virtual reality pe ochi. Deveniți tot mai dereglați psihic, mai bolnavi, mai depărtați. Asta văd prin spital, în camera de gardă, pe stradă. Totul se mişcă, totul e acțiune. Faceți mişcare, fiți activi, mâncați rațional, gândiți frumos și meritați-vă zborul cu milioane de kilometri pe oră prin spațiul vast. E gratis, e minunat, e o singură dată.

25 de sfaturi pentru o alimentație sănătoasă

Când vorbim despre alimentație sănătoasă, automat ne gândim la principii complexe, foarte greu de respectat. Uităm că-n viață ar trebui să simplificăm lucrurile, să atingem moderația în tot și-n toate. Exact asta am făcut aici: am sintetizat 25 de idei extrem de importante, care ar trebui să fie fundamentul oricărei alimentații.

1. Zahărul este indicat a fi consumat cât mai rar și în cantități cât mai mici.
2. Înlocuitorii de zahăr nu reprezintă alternative perfecte și trebuie să se supună și ei legii moderației.
3. Cheia în alimentația sănătoasă stă în moderație. Doza va fi regină tot timpul.
4. O alimentație optimă înseamnă verdețuri, legume, fructe, semințe, carne albă, pește, puțină carne roșie, lactate, brânzeturi, ouă.
5. Verdețurile de tipul salatei, spanacului, pătrunjelului, verzei sunt bogate în compuși care pot promova sănătatea mintală. Dau și sațietate, sunt pline de minerale, vitamine și fibre.
6. O porție de carne înseamnă cât o palmă (inclusiv în grosime, dar fără degete; vă recomand totuși să nu vă mâncați palmele).
7. Carnea se va combina cu legume sau salate de verdețuri.
8. O salată de verdețuri, chiar dacă pare volumi-

noasă, conține puține calorii. Ocupând mai mult loc în stomac, generează sațietate și stimulează secreția unor hormoni benefici.

9. Grăsimile animale în exces pot cauza creșteri ale nivelurilor de lipide serice și colesterol, cu potențial de ateroscleroză. Nu se vor evita, ci se vor consuma în cantități cât mai mici.

10. Excesul de grăsimi vegetale poate avea efecte negative. Se recomandă moderație și aici.

11. Semințele (alune, fistic, migdale etc.) sunt foarte bogate în calorii și nu se recomandă mai mult de 20-30 de grame pe zi. Puteți consuma 10-14 migdale la o gustare între mesele principale.

12. Cafeaua are efecte pozitive multiple și poate fi consumată în prima parte a zilei. Nu se recomandă mai mult de 400 mg de cofeină pe zi. Cei care nu tolerează cofeina o vor evita.

13. Băuturile carbogazoase din comerț sunt pline de zaharuri sau de îndulcitori artificiali care cresc riscul de diabet și boli cardiovasculare. Se vor consuma de poftă, în rare ocazii.

14. Sucurile de fructe pot fi bombe calorice și ar trebui evitate. Se storc 4-5 portocale pentru un pahar de suc. Atenție, aceste sucuri fac ravagii în rândul copiilor, unde obezitatea este în explozie.

15. Vinul roșu poate avea efecte benefice asupra sănătății și poate fi consumat, dar nu mai mult de 20-30 grame alcool pe zi (cam 100-150 de mililitri). Nu-i sfătuiesc pe cei care nu beau să înceapă să bea doar pentru a vâna efectele pozitive.

16. Orice masă trebuie să se supună bunului simț, cu alimente în cantitate mică și voie bună în cantitate mare.

17. Nu există sucuri sau preparate care detoxifică organismul. Există organe abilitate pentru așa ceva. Detoxul este o găselniță bine gândită în scopuri comerciale.

18. Alimentele trebuie să fie cât mai puțin procesate termic, fizic, chimic.

19. Există studii care au găsit o corelație între consumul mare de carne roșie și riscul crescut de apariție a unor forme de cancer, îndeosebi de colon sau stomac. Carnea de porc, oaie, berbec se va consuma rar.

20. Peștele oceanic (somon, ton, hering) este bogat în vitamine liposolubile, proteine, acizi grași omega. Se recomandă 1-2 porții pe săptămână (în principal cel oceanic, dar orice pește e mai sănătos decât alte tipuri de carne).

21. Lactatele și brânzeturile n-ar trebui să lipsească din alimentația femeilor trecute de menopauză, când oasele încep să se demineralizeze. Statul la soare și, la nevoie, substituția cu vitamina D pot ajuta la menținerea sănătății oaselor.

22. Brânzeturile sunt gustoase, dar consumul în cantități mari înseamnă multe calorii. Atenție și la sodiu, brânza este, de regulă, sărată și sodiul în exces poate face retenție salină, putând crește inclusiv tensiunea arterială.

23. Fructele sunt bogate în zaharuri și cer atenție în

plus față de legume. Se vor mânca în prima parte a zilei, în cantități moderate, cam 750 de grame.
24. Cea mai bună dietă cu cele mai multe studii pe impactul asupra sănătății este cea mediteraneană, în care se consumă pește, brânzeturi, ulei de măsline, multe legume.
25. Cina va conține alimente ușor de digerat. Se va evita alcoolul seara, pentru că tulbură somnul.

Cum să fii cu 11 ani mai tânăr

O alimentație sănătoasă ar trebui să însemne cât mai multe legume și fructe, pește, puțină carne albă, cât mai puțină carne roșie, prudență la excesul de grăsimi animale, evitarea pe cât posibil a zahărului, migrarea către alimente cât mai puțin procesate. Pare simplu, dar în realitate, foarte puțini oameni respectă aceste recomandări, fără ca măcar să îmbrățișeze alt termen deosebit de important: moderația. În tot și-n toate.

Ne aplecăm asupra unui studiu interesant despre sănătatea creierului și punem accentul în acest material pe verdețuri, care ar trebui să se găsească zilnic în orice dietă, chiar în fundamentul ei. Verdețurile înseamnă foarte puține calorii (23 kcal la 100 de grame), majoritatea mineralelor și vitaminelor, grăsimi sănătoase, fibre din abundență, puține zaharuri, zero colesterol. Rezultatele studiului (s-au analizat 960 de oameni pe o durată medie de 4,7 ani, cu o vârstă medie de 81 de ani) au fost publicate în Neurology, cu sinteză și comentarii pertinente pe Medscape. Concluziile au fost că o dietă cu o porție de verdețuri pe zi conduce la încetinirea deteriorării funcției cognitive, la menținerea tonusului mintal și la o stare generală congruentă cu o vârstă cu 11 ani mai mică raportată la subiecții care nu au consumat alimente echivalente.

Conceptul „Ești ceea ce mănânci" pare că se potrivește de minune în sănătatea creierului. Verdețurile, bogate în α-tocoferol, vitamina K, luteină, folați, kaempferol și alți compuși naturali, par a duce la un proces de îmbătrânire încetinit.

Datele actuale nu pot fi utilizate pentru a păcăli o dietă, crezând că atunci când consumăm multe verdețuri vom putea crește și alimentele nocive. Moderația ar trebui păstrată, doza fiind regină în orice, respectând recomandările aparent simple de la începutul materialului. Introducerea exercițiului fizic contribuie la suplimentarea efectelor pozitive. Evitarea fumatului și consumul cât mai mic de alcool (20 de grame pe zi la cei care beau deja, spre exemplu vin roșu, au efecte cardio- și neuroprotectoare) sunt cruciale în menținerea sănătății.

Exemple de verdețuri: salată verde, varză, varză kale, spanac, broccoli, rucola, țelină, frunze de caper, andivă, pătrunjel.

Toți compușii amintiți, găsiți în verdețuri, sunt cunoscuți pentru acțiunile protectoare de la nivelul creierului. Nu credem neapărat în efecte țintite pe organ - ei vor avea repercusiuni pozitive asupra întregului organism, de aceea recomandăm includerea lor, cu moderație, în dieta zilnică.

Cât de sănătoasă este cafeaua?

Ca medic, sunt frecvent întrebat dacă e sănătos să bei cafea, ce rol are în hipertensiune, aritmii, accidente vasculare, cum protejează anumite organe și așa mai departe. Pacienții vor o părere avizată pentru că au multe semne de întrebare.

Ei bine, sunt băutor de cafea. Mult timp, nu mă atingeam de ea pentru că nu-i vedeam rostul, preferând să fac niște exerciții fizice dimineața, pentru a mă înviora rapid. În perioada asta, când ajung uneori și la zece gărzi pe lună, nu pot funcționa fără cafea. Am citit sute de studii și cele mai multe spun că efectele sunt favorabile, deci fashionable sau nu, băutura asta ameliorează starea de sănătate, statusul mintal și crește longevitatea. Despre ultima referință am pentru voi o poveste interesantă.

O poveste. Cafeaua a pătruns în Suedia prin 1674. Regele Gustav al III-lea avea dubii cu privire la influența ei asupra poporului său, care începea să stea la șuete în jurul delicioasei băuturi. Consumul crescuse enorm și Gustav nu mai știa cum să oprească tot avântul. A crescut taxele, ba chiar a interzis apoi cafeaua în țara sa. Oamenii tot găseau căi să o bea. Gustav a pornit un experiment: voia să vadă clar ce efect are cafeaua asupra omului. A luat o pereche de gemeni identici, condamnată pentru o crimă comună, și a inițiat un studiu: doi medici aveau să ofere zilnic trei cești de cafea unui întemnițat, respectiv trei cești de ceai altuia (nu se spune ce tip de ceai, presupunem că verde sau negru, erau la modă atunci). Toate bune și frumoase. Anii au zburat, medicii au murit, Gustav al III-lea al Suediei a murit și el. Prizonierul care a primit ceai zilnic a murit la 83 de ani. Fratele său care a primit cafea zilnic a mai trăit mulți ani în plus.

Iată câteva date medicale despre cafea:
- poate crește puțin tensiunea arterială
- efect minim pe frecvența cardiacă, influență la consum mai mare via efect central
- îmbunătățește diureza
- rol protectiv la nivelul vaselor sangvine cerebrale
- crește longevitatea
- ameliorează statusul mintal

- consumată după mese, în cantitate mică, previne somnolența postprandială dată de redistribuția sangvină
- rol de protecție în cancerul colorectal
- ajută la dezvoltarea masei musculare
- promovează arderea grăsimilor
- ajută la optimizarea masei corporale
- îmbunătățește circulația la nivelul foliculului pilos, putând astfel stopa căderea părului
- scade riscul de deces de orice cauză
- risc scăzut de fibrilație atrială
- risc scăzut de AVC
- ameliorează metabolismul glucozei
- risc scăzut de diabet zaharat
- proprietăți importante antioxidante și anti-mutagene, cu scăderea riscului de apariție a multor tipuri de cancere
- reduce degenerarea nervoasă
- reduce incidența depresiei
- protector hepatic

Sunt și câteva studii care arată niște legături negative, dar cred că există o cheie: consumul moderat, echilibrat, rațional. Doza e regină în orice. Până la 400 mg cofeină pe zi, adică un maximum de cinci cești.

Trebuie, totuși, să amintim posibilele reacții negative:

- iritabilitate
- anxietate augmentată
- creşterea tensiunii arteriale
- tremor
- insomnie
- posibil risc crescut de glaucom
- stimulează secreţia acidă şi poate pune probleme celor cu gastrită

Doza letală de cafeină este de 10 grame pe zi, adică aproximativ 100 de ceşti pe zi.

Cât de mult rău îţi face zahărul

Observăm pretutindeni atenţionări cu privire la consumul de grăsimi, sare şi zahăr. Ca medic, văd mereu recomandări de alimentaţie, de la banalele mesaje pe televizor privind evitarea sării, zahărului şi grăsimilor în exces, până la subţirelele sfaturi scrise pe scrisorile medicale care îmi trec prin mâini. Sigur, acel puţin e mai bine decât nimic, dar lucrurile sunt încă foarte discutabile în domeniul nutriţiei, fie că vorbim de recomandări pentru oameni consideraţi sănătoşi sau pentru cei deja purtători de anumite diagnostice.

Revenind la mesajele cu sarea, grăsimile

şi zahărul, această triadă malefică inserată în societatea noastră care doar aici are probleme (ironie), trebuie să ştim că sarea face rău variabil, mai ales la cei cu probleme cardiace sau renale, dar mecanismele fiziopatologice nu sunt mereu valabile: un hipertensiv poate face puseu tensional după o saramură, altul, nu. Referitor la grăsimi, mai ales cele animale, şi aici lucrurile se bat de multe ori cap în cap: unii le interzic, alţii le recomandă, fără să le asocieze neapărat cu ateroscleroza, dacă vreţi un exemplu. Nivelul crescut de grăsimi din sânge nu înseamnă obligatoriu ateroscleroză, dacă nu există şi alte fenomene care să dicteze depunerile în pereţii vaselor. Trebuie însă să fim prudenţi şi să îmbrăţişăm moderaţia şi aici, dar fără să cădem în paranoia. La un moment dat, clinicienii cu studii în nutriţie interziceau untul; au revenit apoi şi au recomandat untul ca aliment ce poate fi consumat (desigur, în doze echilibrate), chiar The New York Times având pe o copertă „Eat butter" cu poza unui calup de unt. În fine, groaznica triadă se termină cu zahărul, iar aici avem multe de discutat.

Zahărul nu lasă loc de discuţii: te ucide într-un mod perfid, ţinându-te captiv, măcinându-te puţin câte puţin, alterându-ţi nervii, vasele de sânge, organele. Este cu mult aşezat deasupra grăsimilor sau sării, fiind responsabil de cele mai grele afecţiuni cardiovasculare (un diabet zaharat va accelera cumplit ateroscleroza; este considerat chiar echivalent de infarct miocardic). Zahărul poate fi privit ca un drog și ar trebui evitat la orice vârstă, la orice moment al zilei. Obezitatea la copii devine o problemă tot mai prezentă și este, în esență, o tragedie. Atenție, chiar și băuturile cu zero zahăr cresc riscul cardiovascular, așa că nu vă lăsați păcăliți. Societatea a dat un mare greș aici și încă persistă în greșeală: marile companii livrează produse cu conținut foarte crescut în zahăr și sunt răspunzătoare în mare măsură de statisticile actuale privind majoritatea afecțiunilor. Lucrurile ar trebui reglementate mai aspru, cu fonduri luate din accize și direcționate către conștientizarea riscurilor, prevenție primară încă de la vârste mici.

Ca oameni care dețin în vârful corpului un organ-minune capabil să judece și să aleagă, putem decide ce e mai bine pentru noi, evitând produsele bine-cunoscute, evitând dulciurile și alte alimente care sunt foarte bogate în zahăr și care duc rapid la acumulare de țesut adipos, la probleme de sănătate, la stimă de sine scăzută, la lupte interminabile cu kilogramele în plus, la întreținerea unor cercuri vicioase care afectează creierul și inima, fizic și metafizic, precum și celelalte organe.

Migrarea către îndulcitorii artificiali sau înlocuitorii naturali poate să păcălească, pentru că nerespectarea unei moderații și-n acest segment va conduce la aproximativ aceleași riscuri de diabet, boli vasculare, afecțiuni cardiace. O alimentație sănătoasă înseamnă legume multe, câteva fructe, puțină carne albă, pește, evitarea preparatelor bogate în zaharuri (aici intră și fresh-urile din fructe), evitarea pe cât posibil a băuturilor carbogazoase, chiar și a acelora care au îndulcitori artificiali. O prăjitură și un suc pot fi consumate fără probleme la anumite ocazii, fără a deveni obicei.

Cheia pentru o viață sănătoasă stă în alegeri înțelepte și în păstrarea unor acțiuni ancorate în bun-simț și-n respect pentru propria persoană, cu moderație în toate.

Sunt sănătoși îndulcitorii artificiali?

Consumăm exagerat zahăr. Îl punem în ceai sau cafea, îl adăugăm din abundență pentru a face deserturi, îl luăm din băuturile carbogazoase, din sucurile branduite drept naturale și din multe alte preparate.

Sunt sute de milioane de diabetici în lume, oameni la care pancreasul nu a mai rezistat valurilor de zaharuri, a obosit și și-a epuizat resursele. Aceștia au nevoie de antidiabetice orale sau chiar de insulină, pentru a menține glicemia (glucoza din ser) la valori acceptabile, valori care însă dau peste cap sănătatea vaselor de sânge, alterează conducerea nervoasă, distrug ochii, rinichii, creierul, inima.

E trist, mai ales că majoritatea cazurilor de diabet de tip II poate fi prevenită printr-o dietă optimă. Războiul cu zahărul este de mult timp promovat de către specialiști și organizațiile profesionale de sănătate, iar oamenii își pun o întrebare: ce pot consuma atunci, cu ce anume pot înlocui zahărul când vreau să îndulcesc un preparat? Ajungem la o industrie dedicată, anume la cea de înlocuitori de zahăr. Vedem sucuri care nu au zahăr și totuși sunt dulci, substanțe speciale comercializate prin magazine, dulciuri făcute cu îndulcitori artificiali. Sunt aceste variante într-adevăr mai sănătoase?

Înlocuitorii pot fi, desigur, naturali sau artificiali. Ei stimulează receptorii linguali pentru gustul dulce, dar nu conțin multe calorii, nu îngrașă per se și de regulă nu sunt absorbiți intestinal în cantitate mare. Cel mai popular înlocuitor artificial este sucraloza (prescurtat E955), urmat de aspartam (E951), zaharină (E954), neotam (E961), acesulfam potasiu (E950), ciclamat de sodiu (E952). Cei mai populari înlocuitori derivați din plante sunt sorbitolul, xilitolul, maltitolul, eritrolul, lactitolul, steviolul.

La nivelul dinților, este cunoscut faptul

că alimentele bogate în carbohidraţi şi zaharuri sunt procesate de către bacterii, rezultând acizi cu potenţial coroziv (aşa apar cariile). Înlocuitorii de zahăr nu reprezintă substrat nutritiv pentru bacterii, aşadar nu conduc la produşi care pot leza smalţul dentar.

Sucraloza se absoarbe în cantitate mică (15% este absorbită în organism). Fiind insolubilă în mediu lipidic, nu se depune în ţesutul adipos. Magnuson et al nu au găsit reacţii adverse semnificative. Sucraloza nu conduce la carii dentare.

Aspartamul este un îndulcitor artificial destul de controversat. Studiile pe oameni sunt limitate, dar pe anumite modele de animale s-a observat că la escaladarea dozei recomandate (care este 40 mg/kg corp/zi) pot apărea efecte oxidative şi inflamatoare la nivel celular. Potenţialul carcinogen este încă amplu discutat şi studiat, fără date clare. Institutul Naţional al Cancerului din SUA nu a trecut niciun risc cancerigen în dreptul aspartamului.

Zaharina este un îndulcitor artificial popular, foarte folosit în cazul diabeticilor. În anii '70, Institutul Naţional al Cancerului din SUA a tras un semnal de alarmă, după ce un studiu pe şoareci a arătat o incidenţă crescută a cancerului de vezică urinară la animalele care au primit zaharină. Studiul nu a găsit asemenea asocieri la oameni, iar zaharina a fost trecută în gama compușilor fără potențial carcinogen.

Neotamul și Ace-K (acesulfam potasiu). Sunt îndulcitori artificiali noncalorici aprobați atât de FDA, cât și de EFSA (European Food Safety Authority). Nu există vreun semnal de alarmă privind potențialul carcinogen.

Ciclamatul de sodiu a fost interzis în SUA în 1969, când se credea că acest îndulcitor crește riscul de cancer de vezică urinară. După studii noi, nu s-a putut dovedi asocierea. FDA nu a mai permis utilizarea ciclamatului nu din considerente carcinogene, ci mai degrabă birocratice. În UE, această substanță este permisă.

Sorbitolul, xilitolul, maltitolul, lactitolul sunt polioli ce conțin mai puține calorii decât zahărul (zahărul obișnuit este sucroză, un dizaharid format din glucoză și fructoză), sunt transformați mai greu în glucoză și nu cresc brusc nivelurile serice ale glucozei. Pot fi greu tolerați, întrucât unele substanțe au efect laxativ. Nu prezintă un postgust metalic tipic îndulcitorilor artificiali. Din punctul de vedere al caloriilor și al indexului glicemic (felul în care un carbohidrat influențează glicemia), sunt alternative mai bune decât zahărul. Din punctul de vedere al riscurilor de boli metabolice, au corelații ce nu pot fi neglijate. Eritrolul este un înlocuitor practic noncaloric, absorbit foarte bine în intestinul subțire, excretat prin urină, care nu crește glicemia și nu provoacă meteorism (balonare) sau diaree. Nu are efecte negative asupra dinților.

Steviolul este un glicozid extras dintr-o plantă numită Stevia rebaudiana. Este un îndulcitor noncaloric aprobat în Europa într-o doză de 4 mg/kg corp/zi, doză la care nu au fost raportate reacții adverse. Trebuie să știți că acest produs devine amărui la temperaturi înalte.

Mierea conține preponderent glucoză și fructoză, fiind foarte asemănătoare sucrozei, astfel că nu poate fi considerată un înlocuitor propriu-zis. Din punctul de vedere al caloriilor și al riscurilor asociate, nu prezintă deosebiri majore față de zahărul obișnuit.

Situația nu e nici pe departe clarificată și înlocuitorii de zahăr nu reprezintă alternative perfecte. Avem o explozie de obezitate infantilă, cu copii care pornesc de la vârste fragede cu riscuri mari de a dezvolta diabet, boli de inimă, boli neurologice. S-a luat în discuție trecerea copiilor pe preparate care au îndulcitori artificiali, dar modificările în corp pun serioase probleme, mai ales pe partea comportamentală. Îndulcitorii pot menține un apetit crescut de dulce, pot induce mâncat în exces, pot tulbura mecanismul de control fin al glucozei din sânge.

Se pare că nu reprezintă o soluție optimă, iar cheia trebuie să fie moderația și consumul cât mai mic al alimentelor foarte bogate în zahăr, respectiv înlocuitori naturali sau artificiali.

O altă problemă este răspunsul programat al organismului, care știe că primește alimente dulci și declanșează anumite reacții, indiferent dacă dulcele este zahăr sau înlocuitor. S-a luat în calcul riscul cardiovascular, de obezitate, de diabet zaharat pe acest fond. Există studii multiple care arată că un consum frecvent al preparatelor ce conțin îndulcitori tinde să interfereze cu răspunsurile clasice ale organismului la zahăr, modulând modificări ce pot conduce la aceleași efecte negative.

Mai mult, există studii care arată că peste o doză de suc diet pe zi crește de trei ori riscul de accidente vasculare cerebrale și demență. E nevoie de mai multă atenție în acest domeniu, mai ales din partea profesioniștilor din sectorul medical și a producătorilor industriali, precum și a organelor de reglementare.

Concluzionând, putem spune că înlocuitorii de zahăr nu reprezintă o alternativă sănătoasă a zahărului, ei fiind, de asemenea, corelați cu un risc crescut de boli cardiovasculare, sindrom metabolic, diabet zaharat, boli cerebrale. Aceste substanțe pot fi luate în calcul la diabetici (a se vedea zaharina), la cei care vor să aibă un intake mai mic de calorii (în intenția de a slăbi, dar și aici rezultatele pot fi dezamăgitoare sau chiar inverse prin tendința de a compensa caloriile prin alte alimente), dar în niciun caz nu se va face abuz de ele și nu se va crede că sunt perfecte. Nu sunt. Reprezintă, poate, un rău mai mic. Dacă vrem să înlocuim zahărul, putem apela la îndulcitori din clasa poliolilor, la stevia, la înlocuitori artificiali de tipul zaharinei, aceștia prezentând avantaje certe (calorii mai puține sau deloc, stres mai mic pe celulele pancreatice, fără efecte negative pe smalțul dentar), dar vom ține minte că dezavantajele și riscurile à la longue nu pot fi neglijate. Nu putem merge pe ideea că mult zahăr poate fi înlocuit cu mulți îndulcitori artificiali sau înlocuitori naturali, pentru că vom ajunge în situații probabil similare. Aceste substanțe trebuie consumate rarisim. O alimentație sănătoasă înseamnă legume multe, câteva fructe, puțină carne albă, pește, evitarea preparatelor bogate în zaharuri (aici intră și fresh-urile din fructe), evitarea pe cât posibil a băuturilor carbogazoase, chiar și a acelora care au îndulcitori artificiali. O prăjitură și un suc pot fi consumate fără probleme la anumite ocazii, fără a deveni obicei. Un dulce pe zi, fără să abunde în zahăr, care anticipează oricum o activitate fizică, nu va pune probleme. Cheia pentru o viață sănătoasă stă în alegeri înțelepte și în păstrarea unor acțiuni ancorate în bun-simț și-n respect pentru propria persoană, cu moderație în toate.

12 lucruri despre diabetul zaharat

1. Diabetul de tip I este autoimun, adică anumiți anticorpi atacă celulele pancreatice răspunzătoare de sinteza insulinei. De regulă, e nevoie de insulină sintetică și ideal pacientul va folosi senzori de monitorizare ai glicemiei (nivelul de glucoză din sânge) pentru a evita hiperglicemia severă și, mai ales, hipoglicemia.
2. Diabetul de tip II are drept cauză obosirea treptată a pancreasului și aici, în funcție de țesutul competent rămas, se pot folosi regimuri de pastile cu sau fără insulină.
3. Orice diabet înseamnă risc crescut pentru bolilele cardiovasculare, cerebrale, renale, oftalmologice, nervoase periferice. Odată diagnosticat, el este considerat echivalent de infarct miocardic, așa răsunet are în organism.
4. Pe lângă medicație, monitorizarea și complianța la regimul alimentar sunt deosebit de importante. Monitorizarea se poate face clasic, obținând o cantitate mică de sânge din pulpa unui deget prin înțepare, apoi așezare pe un analizor digital, care indică valoarea glucozei în sânge. Există și opțiuni mai bune, cu senzori intradermici, care se fixează pe piele și se conectează la telefonul mobil sau un device special, afișând glicemia într-o aplicație sau pe un display dedicat, avantajul mare aici fiind alerta de hipoglicemie (stare în care, din cauze multiple,

glicemia scade drastic şi poate duce chiar la comă) sau hiperglicemiile severe (valorile mari necesită creşterea dozei de insulină, care mobilizează repede glucoza în ţesuturi şi scade glicemia).

5. Orice două valori a jeun (dimineaţă, pe nemâncate) de peste 126 mg/dl ale glicemiei, luate în zile diferite, sunt diagnostice pentru diabetul zaharat.

6. HbA1c înseamnă hemoglobină glicozilată (veţi întâlni şi termenul de glicată) şi valoarea normală este de până la 6,5%.

7. Simptomele princeps care pot trimite cu gândul la diabet sunt: polifagia (nevoia de a mânca mult), polidipsia (nevoia de a bea multă apă, pentru că în sistemul circulator glicemia este prea mare – senzaţia aceasta de a bea apă o aveţi şi după ce consumaţi dulciuri) şi poliuria (micţiuni dese).

8. Sunt la risc de a dezvolta diabet persoanele care au în familie rude cu afecţiuni autoimune (pentru cel de tip I), persoanele obeze, cu steatoză hepatică de tip alcoolic, deţinătoarele unui regim alimentar dezechilibrat, bogat în carbohidraţi (pentru cel de tip II).

9. Un regim alimentar echilibrat, cu moderaţie, cu exerciţiu fizic compensator, ţine jos riscurile. Există o regulă simplă: un dulce pe zi, şi acela să nu abunde în tot felul de zaharuri, iar după consumarea lui să se facă neapărat mişcare.

10. Atenţie la înlocuitorii de zahăr. Mierea nu este o opţiune mai bună, pentru că reprezintă practic un zahăr lichid. Înlocuitorii artificiali sunt cert soluţii potrivite pentru diabetici, dar se vor consuma în cantități cât mai mici. Populația fără diabet trebuie să știe că și acești înlocuitori (toți) cresc riscul de boli cardiovasculare, cerebrale, chiar de diabet. Doza va fi regină și aici. Se poate consuma zahăr nerafinat, în cantități cât mai mici. Dr. Simona Tivadar ne recomandă un dulce pe zi, care să anticipeze mișcarea fizică.

11. Diabeticii pot dezvolta neuropatii periferice, adică alterarea transmiterii nervoase, ei având alte praguri la care simt durerea. Un diabetic poate face infarct miocardic acut fără durere și sunt importante celelalte semnale (respirație grea, jenă abdominală, palpitații, anxietate marcată, transpirații).

12. Pentru a limita distrugerile de la nivelul celorlalte organe, glicemia se va ține la valori cât mai apropiate de normal, prin monitorizări repetate sau chiar continue. Relația apropiată cu medicul specialist diabetolog este deosebit de importantă.

De ce ne îngrășăm?

Ne îngrășăm pentru că felul în care ne trăim o singură zi ne arată felul în care ne trăim întreaga viață. Toate apucăturile greșite dintr-un calup de 24 de ore vor fi repetate iar și iar.

Subestimăm, din păcate, importanța aportului caloric. Mâncăm prea multe calorii și ardem prea puține.

Amânăm decizia fermă de a ne construi viața pe niște piloni sănătoși, îmbrățișând mai ales moderația. Regină va fi doza în fiecare segment al vieții noastre. Consumăm zahăr cu nemiluita, de la sucuri până la bomboane sau prăjituri. Mii de calorii intră în noi și corpul nu are ce face cu ele, depozitând totul pentru vremuri grele. Dar vremurile grele nu vin, depozitele nu se topesc, ci primesc noi și noi produși.

Ignorăm veriga psihologică și importanța unui specialist care ar putea să ne ajute. Nu mergem la medic pentru a descoperi eventuale boli, unele chiar deosebit de grave, care ar putea da, printre altele, acumulare de kilograme. Procentele de astfel de afecțiuni sunt relativ mici, dar oricum ar trebui investigat totul cu atenție. Nu vrem să rupem cercurile vicioase, pentru că avem impresia că totul e bine. Ne simțim minunat, ce dacă avem 120 de kilograme și încă punem zilnic, nu vor apărea probleme. În realitate, devenim bombe cu ceas.

Ne permitem să ne îngrășăm, știind că o intervenție chirurgicală pe stomac ne va ajuta să slăbim oricând. În realitate, judecata asta este dezastruoasă. Mâncăm haotic, chiar și-n miezul nopții, când 2/3 din calorii ar trebui consumate în prima parte a zilei.

Somnul este puțin și are o calitate slabă. Stăm cu orele pe canapea, la televizor. Sedentarismul acesta ucide. Uităm să ne îngrijim de noi și să ne iubim trupul. Ne folosim de trup pentru a face orice, astfel că el merită prețuire, recunoștință, întreținere, grijă, iubire.

De ce ne îngrășăm? De ce alegem drumul acesta? De ce preferăm să nu avem grijă de noi, când ar trebui să fim prudenți și să ajungem cât mai târziu la medic pentru probleme propriu-zise? Ar fi bine să facem o introspecție, să analizăm cu atenție o zi din viața noastră, să decidem că vom atrage lângă noi principii sănătoase, să apelăm cu deschidere la medici sau alți specialiști, să ne prețuim și să ne gândim la viitorul nostru. Unii nu-l vor foarte lung, dar parcă e păcat să faci diabet, accident vascular cerebral, infarct miocardic acut, pancreatită, depresii adânci, cancer, trăindu-ți zilele în chinuri cumplite.

E oare azi ziua în care spui stop haosului și decizi că e momentul schimbării? Eu sper că da.

10 greşeli majore în obezitate

Se fac multe greşeli în obezitate, din păcate. Revenirea la normoponderalitate ar fi binesă fie un ţel principal pentru oricine, dar lucrurile trebuie atent abordate.

1. Sportul nu este neapărat necesar pentru slăbire. Crucial este aportul de calorii, din păcate, mult subestimat în zilele noastre. Slăbim prin alimentaţie, sportul ne ajută să ne menţinem sănătoşi. Foarte multe persoane cu obezitate pun accent mai mare pe exerciţiul fizic decât pe alimentaţie.
2. Nimeni nu trebuie să dea jos zeci de kilograme într-o lună. Este nociv pentru corp şi există riscuri de litiază biliară, pancreatită acută şi de alte afecţiuni în asemenea situaţii. În condiţii excepţionale (obezitate morbidă care pune viaţa în pericol imediat) şi sub supravegherea unei echipe de medici, se pot topi rapid kilogramele, dar altfel nu.
3. Nu trebuie să vă fie ruşine să apelaţi la psiholog. De multe ori, fondul emoţional dezechilibrat conduce la tulburări alimentare şi există cercuri vicioase ce trebuie rupte. Psihologul ne poate ajuta în înţelegerea mai bună a corpului nostru, în construcţia unei punţi volitive solide între ce suntem acum şi ce putem redeveni.
4. În obezitate, inima lucrează cu suprasarcină, este din start în dificultate. Practicarea unor spor-

turi foarte solicitante poate genera probleme grave (tulburări de ritm, evenimente coronariene). La fel, kilogramele multe în plus pot da afecțiuni serioase ale articulațiilor periferice (îndeosebi glezne și genunchi) și centrale (îndeosebi zona lombară).

5. Tolerarea obezității poate conduce la serioase dezechilibre psihice care potențează riscul oricărei boli de organ. Obezitatea per se înseamnă risc crescut de diabet zaharat, boli cardiovasculare, boli de aparat locomotor, boli pulmonare, boli cerebrale. Orice organ sau sistem este la risc în obezitate.

6. Obezitatea este un status proinflamator, prielnic pentru procesul de ateroscleroză, adică de depunere de grăsimi în pereții vaselor de sânge, care poate duce la evenimente coronariene (infarct miocardic) sau neurologice (accidente vasculare ischemice). Optimizarea masei corporale cu reatingerea normoponderalității este salutară. Din păcate, prea puțini conștientizează gravitatea situației.

7. Lipsa unui consult la medic poate însemna nedepistarea unui posibil substrat, cum ar fi hipotiroidismul sau o formațiune tumorală la nivelul sistemului nervos central.

8. Slăbitul nu trebuie să fie un chin, ci atingerea unor principii sănătoase care devin rutină. Dietele drastice sunt urmate, de regulă, de rebound, adică de revenirea la aceleași obiceiuri nocive, cu recâștigarea rapidă a kilogramelor pierdute.

9. Nu există nicio persoană care se îngrașă doar respirând lângă o foaie de varză. Plângerea constantă

şi neacceptarea realităţii pline de principii eronate pot fi chiar cercul vicios principal. Există persoane sedentare, aflate în dezechilibre psihice, gurmande, adepte ale unor principii alimentare greşite, cu raţii disproporţionate, cu mâncat la ore nepotrivite. Acceptarea greşelilor, deschiderea către psiholog sau psihiatru, ajutorul din partea unui medic specialist în diabet şi boli de nutriţie sunt măsuri cu impact pozitiv uriaş.

10. Apelarea la orice nutriţionist care nu este medic specialist în diabet şi boli de nutriţie poate fi catastrofală. Un medic ştie să facă un consult eficient, cunoaşte procesele intime din corp, ia măsuri de siguranţă, monitorizează pacientul obez, îi calculează nişte riscuri. Există şi nutriţionişti (care nu sunt medici) experimentaţi şi profesionişti, dar aceştia vor respecta mereu rolul crucial al medicului în ecuaţia optimizării masei corporale.

Funcţionează suplimentele alimentare?

Piaţa suplimentelor alimentare înseamnă zeci de milioane de euro anual. Vedem standuri aranjate cochet prin majoritatea supermarketurilor, pline-ochi cu felurite suplimente pentru memorie, imunitate, atenţie, energie, slăbit, somn, păr sănătos, unghii arătoase. Practic, există câte un supliment pentru fiecare organ, sistem, funcție.

Oamenii se lasă impresionați de cutii și promisiuni, așteptând să obțină efecte pozitive cu un minimum de efort. În realitate, lucrurile stau cu totul diferit: niciun supliment nu produce vreo minune dacă nu există o carență bine evidențiată de către medic. Luate haotic, suplimentele se pot dovedi chiar nocive, pentru că au numeroși excipienți (zahăr, lactoză, alte molecule) sau substanțe care pot leza ficatul, rinichii, tubul digestiv. Luate conform recomandărilor de pe ambalaj, fără lipsuri dovedite în urma unor analize precise, nu vor avea efecte benefice.

Ultimele două decenii ne-au adus studii solide în acest sens. Suplimentele nu funcționează și ar trebui să ne întoarcem cumva la principii de viață sănătoasă, să direcționăm acei bani spre alimente bune, spre mișcare, cultură, relaxare. E un pas de normalitate într-o lume care ne promite marea cu sarea și nu livrează nicio promisiune.

Suplimentele pentru regenerarea părului nu au efect, asta mai ales la bărbați, unde mecanismele alopeciei includ acțiuni hormonale ce nu pot fi abolite cu suplimente.

Suplimentele pentru imunitate nu au cum să

funcţioneze, pentru că nu poţi interveni uşor într-o centrală atomică, aşa cum este sistemul imunitar uman.

Suplimentele în cazul asteniei de primăvară sunt zero, pentru că astenia nu are carenţe la bază, ci un dezechilibru al creierului încă prins sub efectele iernii, el neputând ţine pasul cu lumina, melatonina necesară adaptării eficiente fiind la început secretată deficitar.

Suplimentele pentru memorie nu vor funcţiona, acolo fiind necesară o viaţă activă, cu exerciţiu fizic, hidratare optimă, somn bun, ajutor vizual pentru memorare, scheme logice, alimentaţie diversificată.

Suplimentele reprezintă o iluzie şi trebuie să spunem lucrurilor pe nume. Recomand tuturor să îmbrăţişeze principiile despre care am tot vorbit, să cheltuiască banii cu cap şi să se bucure de viaţă, diversificând-o, ţinând-o mereu activă. Fuga după soluţii-minune nu are ancorare în ştiinţa adevărată.

Stop dietelor fantasmagorice!

Stop dietelor fantasmagorice! E suficient.

Suntem bombardați din toate părțile de tot felul de scheme dietetice care garantează pierderi rapide de kilograme, de parcă acest lucru ar trebui să fie ținta oricărui om. 10 kilograme pe lună, chiar și mai multe, chiar și mai repede, dacă se poate. Evitarea unor categorii alimentare. Exagerarea altora. Oare când ne vom convinge că nu e deloc sănătos să ne torturăm propriile organisme?

Rețineți asta: nu există nicio dietă ideală care să ajute la dat jos kilogramele rapid, fără niciun risc asociat. Nici măcar cea trendy fendy keto, în care glucidele sunt reduse drastic. Reduci glucidele drastic, promovezi arderile din depozite, ai efecte spectaculoase, dar te trezești cu risc crescut în ateroscleroză sau mortalitate ridicată. Nu sunt sigure aceste diete. Nici cea keto. (a se vedea concluziile studiului NHANES prezentat la congresul european de cardiologie din 2019).

Când vreți să slăbiți, țineți cont de faptul că trebuie să mâncați toate componentele alimentare: glucide, proteine, grăsimi (chiar și animale). Vitamine și minerale din abundență, dar din surse naturale. Apă. Cafea (cei care o tolerează). Somn. Soare. Nu evitați nimic, dar umblați la doză. O dietă severă atrage probleme. Fără principii întipărite bine, veți reveni la toate greșelile făcute. Apelați la sport, dar grijă mare aici. La peste 100 de kilograme, exercițiile pot strica articulațiile. Pot obosi inima. Faceți treptat totul. Nu e nevoie neapărat de sport ca să slăbiți, dar pentru sănătate și psihic bun, e nevoie.

Cuvântul principal e DOZĂ. Moderație. Principii sănătoase. NU diete drastice, care ocolesc glucidele sau proteinele ori altceva. NU! Masa corporală se optimizează în timp, totul se construiește cu echilibru, nu peste noapte, nu în câteva zile. Poate fi dezastru.

29 de lucruri de care e bine să ții cont când vrei să slăbești

Oamenii ajung ușor la supraponderalitate și slăbesc foarte greu. Din păcate, aportul caloric este o chestiune mult subestimată și ne trezim cu numeroase kilograme în plus. Vrem să le dăm jos rapid, vrem să ne pregătim trupurile pentru sezonul estival, vrem să ne recâștigăm stima de sine. Apelăm la tot felul de trucuri până la torturi de-a dreptul, cu înfometări, diete cumplite, suplimente care promit minuni și nu fac nimic în afara faptului că golesc rapid niște buzunare.

Să vedem cum să slăbești sănătos.

1. Cheia în orice alimentație este moderația. Regină va fi doza, tot timpul.
2. Detoxifierea este făcută tot timpul în corp de către rinichi, ficat, plămâni, piele, organe ce scot toxinele (a se citi cu precădere produși de metabolism) într-un mecanism controlat cu precizie. Nu există suculeţe sau alimente pentru detox. Detoxul promovat peste tot nu are niciun sens. Nu va ajuta nici la slăbit, pentru că sucurile fresh sunt, de regulă, bogate în calorii.
3. Dieta fără gluten impusă celor care nu au boală celiacă este o exagerare, fără efecte benefice dovedite. Din contră.
4. Sportul nu este neapărat necesar pentru slăbire. Crucial este aportul de calorii, din păcate mult subestimat în zilele noastre. Slăbim prin alimentaţie, sportul ne ajută să ne menţinem sănătoşi.
5. Înlocuitorii de zahăr nu sunt alternative perfecte. Ei cresc riscul de diabet, boli cardiovasculare sau neurologice. Unii sunt hipocalorici, alţii acalorici, dar se vor consuma cu moderaţie.
6. Sucurile de fructe nu sunt neapărat sănătoase. Cantitatea mare de fructoză/zaharoză poate conduce la steatoză hepatică, obezitate, boli metabolice.
7. Se pot consuma mai degrabă smoothie-uri pe bază de legume şi verdeţuri, care sunt sănătoase şi nu conţin multe zaharuri.
8. Suplimentele alimentare nu au nicio valoare în prezenţa unei diete sănătoase şi în lipsa unor carenţe identificate de medic. Suplimentele nu vor duce la

slăbire.

9. Atenție la medicamentele promovate peste tot, pentru că pot da reacții adverse considerabile. Printre puținele medicamente acceptate pentru slăbit se află orlistatul, dar acesta va ajunge în posesia pacientului numai la recomandarea unui medic (se găsește mai greu în țara noastră, oricum).

10. Nimeni nu trebuie să dea jos zeci de kilograme într-o lună. Este nociv pentru corp și există riscuri de litiază biliară, pancreatită acută și de alte afecțiuni în asemenea situații. În condiții excepționale (obezitate morbidă, care pune viața în pericol imediat) și sub supravegherea unei echipe de medici, se pot topi rapid kilogramele, dar altfel, nu.

11. Optimizarea masei corporale se va face ideal cu ajutorul medicului specialist în diabet și boli de nutriție, cu o o anchetă alimentară riguroasă, cu un consult detaliat, cu investigații făcute. Orice boală de fond se va trata sau va fi ținută sub control la specialist (spre exemplu, hipotiroidismul, diabetul, boala Cushing).

12. Au apărut foarte mulți nutriționiști și aveți grijă în a-i alege pe cei care dau dovadă de profesionalism, bun-simț, moderație, acceptând utilitatea medicului ca pilon principal în procesul de optimizare a masei corporale. Așa-numiții regi ai slăbitului ar trebui evitați; nu fac decât să se îmbogățească prin utopii livrate tot timpul.

13. Corpul uman are nevoie de aproximativ 1.800 de kilocalorii pentru a susține toate procesele bazale (respirație, digestie, circulație, control temperatură, alte linii metabolice). O masă îmbelșugată poate ajunge lejer la peste 2-3.000 de kilocalorii. Coroborându-se cu lipsa de activitate fizică, diferența se va duce în țesutul adipos, va crește riscul de diabet, de boli cardiovasculare, va distruge stima de sine, va genera cercuri vicioase cumplite. Analiza atentă a caloriilor ingerate contează enorm.

14. 2/3 din calorii se vor consuma în prima parte a zilei.

15. Se pot consuma până la 750 de grame de fructe dimineața. Fructe proaspete, întregi, care să stimuleze masticația, să declanșeze corect cascada digestivă, să țină stomacul plin, să nu se evacueze rapid.

16. Legumele se vor consuma cu prioritate. Verdețurile au o importanță aparte, pentru că pot ține stomacul plin, sunt bogate în fibre, nu au multe calorii, stimulează secreția unor substanțe importante în procesul digestiv.

17. Prudență la zahăr, sare și grăsimi. Nu vom evita grăsimile animale, dar le vom consuma în cantități mici. Nu vom pune un pumn de sare în mâncare. Nu vom face exces de grăsimi vegetale. Nu vom evita colesterolul, pentru că are roluri extrem de importante în corp (învelișuri neuronale, constituent al peretelui celular, component al anumitor hormoni).

18. Sucurile carbogazoase conțin sute de grame de zahăr care stimulează brutal secreția de insulină, părăsesc repede stomacul, cresc brusc glicemia. Se vor consuma rarisim.

19. Cei mai buni adjuvanţi în orice cură sunt apa, voia bună şi odihna.

20. Cafeaua poate să promoveze arderea accelerată a grăsimilor.

21. Hidratarea este deosebit de importantă. După un pahar luat de dimineaţă la trezire, beţi apă în mod constant. Sucurile carbogazoase sunt nocive. Chiar şi cele dietetice, fără zahăr, cresc riscul cardiovascular. Beţi apă simplă, dar ascultaţi-vă mecanismele corpului şi nu exageraţi.

22. Plimbaţi-vă pe jos în fiecare zi. Mersul pe jos e sănătate curată. 3-5-7 kilometri, încercaţi să parcurgeţi anumite distanţe, la pas susţinut.

23. Slăbitul nu trebuie să fie un chin, ci atingerea unor principii sănătoase care devin rutină.

24. Nu trebuie să vă fie ruşine să apelaţi la psiholog. De multe ori, fondul emoţional dezechilibrat conduce la tulburări alimentare şi există cercuri vicioase ce trebuie rupte.

25. Puneţi preţ pe somn, opt ore pe zi sunt sfinte.

26. Cea mai bună dietă cu cele mai multe studii pe impactul asupra sănătăţii este cea mediteraneană, în care se consumă peşte, brânzeturi, verdeţuri, ulei de măsline, multe legume, toate cu comunicare cu cei dragi, cu voie bună, cu relaxare.

27. Carnea este necesară în existenţa omului. Se recomandă consum moderat, o porţie va fi cât palma (fără degete), inclusiv în grosime. Peştele poate fi consumat de 1-2 ori pe săptămână.

28. Lângă carne cel mai bine vor sta verdețurile și legumele, care umplu stomacul, dau sațietate, sunt bogate în fibre, vitamine și minerale, sunt destul de sărace în calorii.

29. Orice masă trebuie să se supună bunului-simț, cu alimente în cantitate mică și voie bună în cantitate mare.

Ce gras e ficatul ăsta!

Dacă e gras, nu e neapărat simpatic și nu oferă semne de bunăstare, ci mai degrabă de abuz. Auzim peste tot de ficatul gras, expresie superpozabilă peste noțiunea de steatoză hepatică sau, mai pompos, hepatosteatoză. Simplu spus, apare din cauza unor cai săriți, mai ales în zona alimentației. Bombardarea cu carbohidrați, lipide, alcool duce în timp la depunerea abracadabrantă de grăsimi în ficat, proces care saltă riscurile de boli metabolice, dar și de diabet. Steatoza aceasta e non-alcoolică și alcoolică, a doua apărând la consumatorii de cursă lungă. Diagnosticul se pune pe baza creșterii enzimelor hepatice (TGP și TGO, aceste acronime deja bine împământenite), a modificărilor tipice la investigațiile imagistice, a probelor pentru hepatite (trebuie excluse hepatitele virale) și, firește, chestionând pacientul despre consumul de alcool. Când află că are ficat gras, omul vrea să-l slăbească și e-n stare să apeleze la suplimente, ceaiuri miraculoase, chiar pastile, numai să-și revină organul. În realitate, dacă steatoza apare în contextul altei afecțiuni, numai rezolvarea patologiei de bază poate duce la dispariția problemei secundare, e destul de logic. Altfel, trebuie privit spectrul posibilelor acțiuni care concură la această teribilă steatoză. Nu există oare un consum prea mare de carbohidrați? De grăsimi? De alcool? Dacă da, un reglaj aici, cu alimentație moderată, cu evitarea sucurilor naturale care de prea multe ori sunt bombe calorice, cu exercițiu fizic, cu ocolirea alcoolului, poate fi o adevărată minune.

Steatoza poate duce la fibroză, chiar la cancer hepatic. Nu-i loc de glumă, ci e un semnal că, atunci când nu există alt substrat clar, suntem principalii vinovați de stricăciunile produse și trebuie să luăm măsuri, îmbrățișând norme de bun-simț, discutând cu un nutriționist, făcând aparent mici transformări care vor conta enorm. Fără ficat suntem ca și mâncați, ca să mă exprim în taxonomie. Să avem grijă de el. Dacă e gras, nu e deloc sănătos, frumos și drăgăstos. Suferă.

Despre creier și memorie

În creierul uman, informația ajunge pe

căi electrochimice și se stochează în neuroni, producând memoria. În fiecare zi, toate ideile se rearanjează și pot chiar trece din neuron în neuron; altele noi își fac loc și, cu fiecare secundă în plus, devenim altă persoană. Eu sunt memoria mea și nu exist dincolo de ea. Merg înainte, uneori având acces rapid la detalii din trecut, alteori cu blocaje aparent inexplicabile. Uneori trag de timpurile vechi spre păturile conștientului și realizez că trecutul nu e unul fix, ci suferă mereu schimbări – pot fi plantate adaosuri ce par perfect reale și cu toate acestea nu s-au întâmplat niciodată. Creierul e un maestru al manipulării prezentului, trecutului și viitorului. Șlefuiește trecutul după bunul plac; ce ne aducem noi aminte e altceva decât cele trăite cu adevărat. Șlefuiește prezentul, făcând mereu comparații, selecționând anumite informații la nivel subconștient, discriminând grosolan unele date. Șlefuiește viitorul, pentru că nu de puține ori apucăm să trăim întâmplări care au legătură cu altele, în așa-numita sincronicitate. Sunt oameni care cred că mintea umană poate construi tot ce ne înconjoară, putând concretiza viitorul. Sunt alții, destul de mulți, care susțin că totul e o simulare.

Suntem ancorați cu toate simțurile într-un prezent continuu și ce procesăm devine memorie, automat trecut, iar ce ne vine din față pe o bandă rulantă, incert și cu o grămadă de posibilități, își va găsi locul în același prezent, apoi în aceeași memorie.

Ne transformăm perpetuu. Când căutăm prin hăul din noi, găsim memoria. Copilăria, o întâlnire, o atingere, o îmbrățișare, o poezie, o poveste, toate sunt acolo și ne definesc. Fără aceste date stocate în noi, suntem nuli, lipsiți de personalitate și, implicit, de puterea de a ne dezvolta, pentru că ce ne face să evoluăm e tocmai dobândirea neuronală, restructurarea memoriei întregi sub stimuli diverși.

Ne purtăm viața după noi și acel drum pe care-l construim sub tălpi fără oprire poate fi văzut și din această perspectivă a memoriei, care tot cărămidă cu cărămidă se realizează, într-o procesare mare consumatoare de energie. Ar trebui să fim recunoscători acestui proces sublim, pentru că fără el n-am fi capabili de versiuni mai bune care să ne uimească până și pe noi, n-am putea face introspecții, n-am fi în stare de melancolii, reflecții, meditații, n-am putea scrie, n-am putea vorbi. Cel mai important, n-am putea visa, acel mecanism de debridare neuronală încă plin de mistic și mister.

Ce-am strâns în memoria noastră ne reprezintă. Până la final, dacă trăim preponderent pentru noi, cu o implicare minimală în viețile celorlalți, vom avea o rolă de film poate satisfăcătoare pentru propriul ego. Dacă avem și o implicare genuină în viețile celorlalți, indiferent de etățile lor, vom modifica și memoria acestora, dar o vom influența enorm mai ales pe a noastră, devenind versiuni generatoare de uimire, calm, iubire, atribute pe care le vom ține în noi și le vom exterioriza frecvent, în acte creative, mobilizatoare, chiar salutare. Interacțiunile între oameni nasc povești, cele mai frumoase memorii.

15 lucruri interesante despre creier

1. Sunt aproximativ 88 de miliarde de neuroni în creierul uman.
2. Fiecare neuron face până la 10.000 de sinapse cu alte celule nervoase.
3. Neuronul nu se poate divide.
4. Creierul nu are receptori proprii de durere (nociceptori)
5. Creierul unui adult are consistență gelatinoasă și cântărește aproximativ 1.2-1.5 kilograme.
6. Primim cantități impresionante de informații de la analizori (vizual, auditiv, tactil, gustativ, olfactiv), dar pe cele mai multe le uităm. Uitarea este un proces pur fiziologic, util.
7. În primii ani de viață, sinapsele se dezvoltă exploziv. Creierul absoarbe informația ca un burete. Ulterior, procesul se diminuează. Cele mai puternice sinapse rămân viabile, ele necesitând antrenare continuă.
8. Neuronii sunt extrem de sensibili la privarea de

oxigen. Orice minut fără aport de oxigen duce la moartea a milioane de neuroni.

9. Nu ne folosim niciodată doar 10% din creier. Există procese simultane sau alternative care utilizează toată masa creierului.

10. Iubirea nu are, per se, legătură cu inima. Toate substanțele care o generează sau o întrețin sunt sintetizate și eliberate de creier.

11. Termenul de contuzie cerebrală desemnează o lovitură cu impact în masa creierului, dar nu atrage automat o implicație gravă.

12. În epilepsie, există zone din creier în care neuronii descarcă haotic impulsuri nervoase. Ca persoana să-și piardă starea de conștiență e nevoie ca ambele emisfere să fie afectate.

13. Există sindroame care apar în anumite afecțiuni și care sunt caracterizate de halucinații (pot fi de tot felul, de la vizuale până la auditive) generate de creier. Mecanismul poate fi unul compensator. Un exemplu este sindromul Charles Bonnet. Recomand aici a se citi romanul *Să-ți pui o dorință*, unde acest sindrom fascinant este explicat pe larg.

14. Conștiința este un atribut al creierului uman și reprezintă un teren de cercetare intensă, în marele domeniu al neuroștiințelor.

15. Există persoane cu abilități de geniu (denumite, de regulă, savanți), care pot utiliza creierul în lucruri extraordinare, de la memorare până la calcule complexe. Un exemplu a fost Kim Peek, născut fără corp calos (structură ce leagă emisferele), care a inspirat filmul „Rain Man". Peek putea citi două pagini în același timp, memorând orice informație lecturată.

Efectul nocebo: când creăm singuri reacțiile adverse ale medicamentelor

Termenii placebo și nocebo nu sunt foarte binecunoscuți în rândul populației largi. Vom diseca cele două principii și ne vom apleca asupra celui de-al doilea, vorbind despre cum creierul ne poate livra reacțiile adverse ale unor medicamente.

Există două concepte importante în medicină: placebo și nocebo. Primul s-ar putea să vă fie mai cunoscut - el se referă la efectul pozitiv obținut prin intermediul gândurilor, utilizând un preparat care, de fapt, nu încorporează o substanță activă. Când se face un studiu clinic complex, o substanță activă trebuie să bată placebo pentru a-și demonstra efectele benefice și a putea fi aprobată pentru uz. Dacă un lot de pacienți primește o pastilă albă cu un șanț pe mijloc, ce conține metoprolol (un betablocant folosit pentru tratamentul ischemiei miocardice, în anumite aritmii etc.), alt lot va primi o pastilă identică din punct de vedere vizual, dar fără metoprolol (vor fi niște excipienți acolo, zahăr etc.). Lotul al doilea nu va ști că acolo nu există metoprolol, astfel că toată lumea se așteaptă să obțină efectele terapeutice. La finalul studiului, se analizează rezultatele și pastila cu metoprolol trebuie să bată placebo.

Nocebo este exact opusul placebo și se referă la atragerea unor efecte negative, tot prin intermediul creierului. Uneori, organul suprem pe care încă nu-l cunoaștem suficient de bine poate lucra în detrimentul nostru. Când vine vorba de sănătate, știm cu toții că pastilele au, pe lângă efectele pozitive clare, o serie de efecte adverse posibile. Ei bine, aici apare întrebarea: ce rol are creierul în generarea unor efecte adverse?

S-au făcut studii serioase și rezultatele sunt surprinzătoare: dacă un medicament are o listă de reacții adverse și omul care își administrează medicamentul zilnic cunoaște aceste reacții, e posibil să le genereze cu ajutorul propriului creier, nu prin mecanismele colaterale și incontrolabile ale substanței. Există studii pe statine (clasă de medicamente pentru optimizarea nivelului seric de colesterol) sau beta-blocante (clasă de medicamente pentru controlul aparatului cardiovascular). În cazul statinelor, oamenii au rețineri, pentru că se vorbește intens despre durerile musculare care pot apărea la uzul cronic al acestor preparate (pe lângă afectarea hepatică, dar ne limităm la durerile musculare, pentru că pacientul le simte, pe când ficatul nu doare). Surpriză, se pare că analiza atentă a unui lot de 10.000 de pacienți, inițial prin metodă dublu-orb (nici medicul, nici pacientul nu știau dacă preparatul este statină sau placebo, doar investigatorul avea preparatele codificate), a arătat o incidență similară a durerilor musculare la ambele piloane de pacienți (în jur de 2%). Folosind același lot de pacienți (excelent detaliu, crucial pentru importanța rezultatelor), ulterior cu o configurație open (adică pacienții știau că primesc statină sau placebo), durerile musculare au fost mai des raportate la cei cu statină versus placebo (1,3% versus 1%). Se poate trage concluzia că, știind despre statine și reacțiile lor adverse cel mai des întâlnite, unii pacienți își puteau construi singuri aceste acuze la nivel central, pentru că datele din primul studiu nu mai susțineau diferențele.

Vorbind despre betablocante, grija celor care primesc așa ceva este la depresie, cefalee, amețeli, impotență, reacții adverse cel mai des întâlnite. Studii serioase au arătat că lucrurile stau de multe ori chiar invers, depresia fiind mai des observată în grupul placebo decât în cel cu betablocant. Ducând discuția puțin mai departe, dacă un bărbat urmează să ia betablocant, el citește despre impotență și se așteaptă la asta; în cazul în care impotența chiar apare, cine e vinovat, psihicul bărbatului sau chiar betablocantul? De multe ori, vinovat este chiar creierul. Iată cum nocebo poate lucra în detrimentul pacientului. Pacientul ideal nu este cel slab informat, nici cel foarte informat, ci unul aflat pe la mijloc. Un pacient care răscolește internetul pentru a citi experiențele altora cu anumite medicamente și pro-cesează rând cu rând prospectele aflate în cutie, gândindu-se constant la toate reacțiile negative posibile, va crea un teren fa-vorabil pentru autogenerarea multora dintre respectivele reacții adverse. Este deosebit de important ca pacientul să se concen-treze mintal pe efectele pozitive, detașându-se de lista de reacții adverse.

Puterea sugestiei este recunoscută de majoritatea medicilor. Nu e nimic science-fiction aici și am văzut date clare în cele două exemple relevante de mai sus. Când luați medicamente într-o schemă cronică, cel mai potrivit este să vă gândiți constant la binele pe care acestea vi-l produc. Trebuie să cunoașteți potențialele reacții adverse, dar fără să vă fixați mintea obsesiv la ele.

Ce te doare, de fapt, atunci când te doare capul

Creierul per se nu doare niciodată. Atunci când experimentăm o cefalee, simțim, în primul rând, durere, apoi presiune și chiar amețeală, toate însoțite de reverberații în întregul organism.

Dar unde apare această durere? Cefaleea este un simptom atât de vag și de des întâlnit, încât e foarte greu de încadrat la o analiză superficială. Nu ne dor niciodată neuronii din creier, ci acolo se procesează impulsurile venite de la alți nervi, mușchi ce îmbracă gâtul sau capul, învelișurile nervoase ale creierului, articulațiile apropiate capului. Encefalul (denumirea creierului) nu deține receptori de durere.

În ultimii ani, tot mai mulți medici au acceptat că sindroamele cefalalgice (algic vine de la durere, cefal de la cap) reprezintă și răspunsuri centrale la tensiuni în mușchii ce înfășoară calvaria (oasele ce protejează creierul) și gâtul. Pastilele care detensionează musculatura duc la ameliorarea cefaleei. Anumite conflicte nervoase pot da durere de cap. Există formațiuni tumorale care apasă nervii, procese inflamatorii (dinți, ureche, nas, ochi, sinusuri), malformații vasculare, poziții articulare vicioase. Trebuie găsite cauzele exacte și rezolvate prompt. Foarte mulți oameni stau greșit cu gâtul și capul, proiecția făcându-se vicios, cu suprasolicitarea coloanei cervicale. Apare cefaleea occipitală (în zona din spate a capului), cu durere din ceafă, ascendentă, spre occiput. O poziție cu capul drept pe coloană, exercițiile de gimnastică ale gâtului, un antiinflamator, la nevoie, sunt măsuri suficiente pentru a nu ajunge la modificări articulare ce pot necesita chiar corecție chirurgicală. Hipertensiunea arterială dă durere de cap. Este o durere în vertex (punctul cel mai înalt al calvariei), occiput, în spatele ochilor, însoțită de presiune, amețeală, chiar greață. Hipertensivii trebuie să recunoască simptomele tipice, să își ia imediat tensiunea cu un aparat (digital, dar ideal cu manșetă mare, care se pune deasupra cotului, pe braț, cu furtunul jos, spre degetul mare), să se întindă pe un pat, să își ia pastilele din schema cronică sau să apeleze la altele (gen captopril sub limbă). Salturile tensionale (de exemplu, peste 200/100 mmHg) sunt urgențe medicale și necesită vizită la medic.

Problemele oftalmologice cu defecte la nivelul lentilelor naturale sau ale retinei pot duce la cefalee. Un consult specializat, cu procurarea ochelarilor, la nevoie, poate anula durerea de cap. Tulburările anxiosdepresive au, de regulă, în cortegiul lor de manifestări cefaleea. Persoanele depresive trebuie să apeleze la psiholog sau psihiatru, fără nicio rușine. Durerea de cap poate fi semnal de alarmă în infecții generale (viroze, pneumonii, pielonefrite etc.), intoxicații (amoniac în insuficiențele hepatice, creatinină și uree în insuficiențele renale, ingestii mari de paracetamol sau de alte substanțe).

Orice sindrom cefalalgic repetat necesită investigații și consult neurologic, dacă s-au exclus celelalte etiologii (cauze) cardiovasculare, reumatologice, stomatologice, oftalmologice. Poate fi vorba de o formațiune tumorală care apasă țesutul cerebral sau care trage de structurile învelitoare ale creierului (duramater, arahnoida, piamater - acestea dor, de regulă), anevrisme vasculare; aici e nevoie, de regulă, de intervenții chirurgicale. Cefaleea poate fi un simptom banal, dar ne spune foarte multe lucruri. Funcționează ca o alarmă când ceva nu este în regulă în alte părți și trebuie să îi dăm importanță, să ne verificăm, să corectăm cauzele.

10 pași de urmat într-o criză de epilepsie

Epilepsia este o afecțiune neurologică, în care anumite zone din creier descarcă haotic impulsuri. Apar crize, unele majore, greu de gestionat. Când ambele emisfere sunt cuprinse de valuri de impulsuri, starea de conștiență se pierde. Trebuie să știți cum să ajutați eficient o persoană care trece printr-o criză de epilepsie.

1. Păstrați-vă calmul. Criza poate fi severă, cu spasme ample, cu expectorații, cu căzătură puternică. Respirați adânc și interveniți prompt.
2. Dacă observați că persoana tinde să cadă, prindeți-o și lăsați-o ușor pe jos, să nu se lovească. O poziție laterală poate fi deosebit de utilă, pentru a

nu aspira conţinut din stomac, în caz de vărsătură.

3. Persoana în criză trebuie lăsată într-o poziţie lejeră. Nu blocaţi spasmele cu braţele, ci lăsaţi criza să se desfăşoare natural.

4. Asiguraţi-vă că persoana nu are ceva strâns pe gât sau torace şi poate respira bine.

5. Nu-i introduceţi nimic în gură! Cu atât mai puţin degetele. Limba nu şi-o poate înghiţi nimeni. În schimb, o contracţie puternică a mandibulei poate cauza o muşcătură severă.

6. Uitaţi-vă la un ceas şi vedeţi câte minute ţine criza. La peste 5, sunaţi imediat la 112. Veţi suna şi dacă există sufocare, cianoză (tendinţă de albăstrire a ţesuturilor periferice) sau dacă persoana s-a lovit şi sângerează.

7. În cazuri izolate, o criză severă poate genera stop cardiorespirator. Veţi verifica respiraţia, pulsul la carotide, iar în caz de lipsă a acestor elemente veţi începe imediat masajul cardiac extern şi altcineva va anunţa serviciul 112.

8. De cele mai multe ori, persoana îşi revine spontan. Staţi aproape, calmaţi-o, oferiţi-i apă, asiguraţi-vă că respiră bine.

9. Dacă persoana sau anturajul nu ştie nimic de diagnosticul de epilepsie, recomandaţi prezentarea la un spital de neurologie, fără întârziere.

10. Crizele pot fi variate. La cele minore, doar cu absenţe, fiţi aproape şi rămâneţi vigilenţi.

Alzheimer

Când eram mic, descoperisem undeva termenul Alzheimer, îmi rămăsese întipărit în scoarţă şi am luat cărţile care aveau tangenţă cu medicina, încercând să citesc mai multe despre această suferinţă. Ştiam doar că oamenii bolnavi de maladia Alzheimer uită. Nu era însă nimic dubios, pentru că actul uitării e deosebit de util creierului; dacă am reţine toate informaţiile pe care le primim în cantităţi copleşitoare de la analizori, practic am înnebuni, astfel că debarasarea controlată e necesară. Filtrele de memorie acţionează în cascadă, ierarhizând informaţia. Ce avem nevoie mai departe sau ce dorim volitiv să ţinem minte aranjăm în structuri neuronale complexe, ce implică miliarde de neuroni interconectaţi sinaptic, memoria având o bază electrochimică. Nu ştim pe deplin cum funcţionează creierul, dar facem progrese formidabile. Am descoperit, printre altele, că anumite celule pluripotente se pot transforma în neuroni în zone distincte ale encefalului, pentru că, per se, neuronii nu au capacitatea de diviziune. Procesul acesta de transformare neuronală e limitat şi nu poate, deocamdată, să compenseze eventuale distrugeri. Vorbind de distrugeri, în Alzheimer cam asta se întâmplă: anumiţi compuşi care nu-şi au locul în creier ajung acolo şi blochează transmiterea neuronală, declanşează atrofia scoarţei cerebrale cu ştergerea reliefului cortical, încetinesc procesele electrofizice de propagare a impulsului electric, determină pierderea memoriei. Maladia e frecventă printre persoanele de peste 60 de ani, din păcate încă subdiagnosticată, încă deficitar înţeleasă, încă stigmatizată de populaţia largă. Fugim, de regulă, de lucrurile care ne sperie. Etichetăm oamenii drept nebuni, chiar dacă fundamentul aşa-zisei nebunii este unul pur chimic. Domeniul acesta al demenţei Alzheimer încă sperie, implică etichete, izolări, suferinţe.

Am crescut cu o atracţie aparte pentru creier, chiar dacă m-am îndreptat ulterior spre inimă. De ce uitau anumiţi oameni, de la cele mai recente amintiri până la cele mai vechi, bazale, uitând până la urmă chiar să respire? Ce se petrecea în capul lor?Am avut seri lungi de studiu, găsind un tratat de neurologie în care mi-am cam prins urechile, pentru că era doldora de termeni complecşi şi mai ales pentru faptul că era scris în franceză. Cu toată franceza mea începută din clasa a doua, îmi era greu să parcurg textul. Nu voiam să sar în partea de fiziopatologie, dorind să înţeleg puţin arhitectura creierului, ariile sale, rolul fiecăreia, centrii care controlează procesele fundamentale ale corpului, împărţirea neuronală, etapizarea unor mecanisme. Eram nerăbdător să ajung la capitolul demenţelor. Serile treceau şi, sub lumina lămpii cu bec clasic, pricepeam încetul cu încetul tainele organului suprem, cocoțat în vârful corpului. Mă amuzam cu vorba lui Edison – stăteam, până la urmă, în noapte cu ajutorul invenției sale – care spunea că treaba corpului e să plimbe creierul de colo-colo. Intram din ce în ce mai adânc pe un teritoriu plin de mister, mai ales că făcusem cunoștință din reviste sau de la televizor cu personaje care, după accidentări sau nașteri cu defecte serioase, dezvoltaseră abilități de geniu. Unul putea citi două pagini în același timp și memora biblioteci întregi (Kim Peek, născut fără corpul calos, structura care unește emisferele). Altul putea desena o panoramă după ce privea orașul câteva secunde, ținând minte toate detaliile clădirilor. Altul scotea mii de zecimale din pi, cu o memorie fotografică impresionantă (vedea anumite culori care se derulau și fiecare avea asignată o cifră). Totuși, acestea erau cazuri izolate, de așa-numiți savanți. Mai veneau părerile oamenilor învățați din anumite timpuri, care ba considerau că ne naștem tabula rasa și apoi acumulăm informația, ba susțineau că totul stă deja în noi și nu facem decât să tragem spre suprafață unele lucruri. După Schopenhauer, omul era o ființă cu instincte puține și o adaptare insuficientă la lumea vie, el trebuind să compenseze totul cu inteligența, deci cu procese repetate de învățare. Citind și descoperind tot felul de ingrediente din medie sau din extreme, nu ai cum să nu îndrăgești acest teritoriu care implică neputință, fascinație, curiozitate, suferință. Și-am ajuns la partea de fiziopatologie, adică ce se poate întâmpla rău cu creierul.

În Alzheimer, o substanță numită amiloid de tip beta se depune pe anumite structuri neuronale și împiedică transmiterea nervoasă. Nu se știe precis cum apare această maladie, dar se crede că anumiți factori de risc o potențează, aici incluzând obezitatea, diabetul zaharat, afecțiuni inflamatorii, defecte genetice, înaintarea în vârstă și altele. Boala e mai frecventă după vârsta de 60-65 de ani, dar sunt cazuri cu debut precoce, mai ales cele familiale. În Sindromul Down (trisomie 21, un defect al perechii 21 de cromozomi), apar manifestări tipice de Alzheimer, pentru că o genă de pe cromozomul 21 este alterată și ea răspunde de sinteza amiloidului, fiind o intersectare patologică. Există acum teste genetice, pe lângă analize mai simple, de sânge sau imagistică. S-au făcut progrese mari, dar zona rămâne plină de necunoscute. O persoană cu Alzheimer uită lucruri, halucinează, nu se orientează eficient, prezintă tulburări de vorbire, este confuză, nu mai poate face activitățile cotidiene de la cele mai grele până la cele mai comune. Dincolo de partea pur medicală, maladia e văzută ciudat în populație. Există o neînțelegere a ei, cum există un deficit sever în educația medicală generală, etichetare absurdă, multă tristețe, tendință de izolare, capacitate insuficientă de a pune pacienții în medii corespunzătoare nevoilor lor, tratamente momentan ineficiente. În țara noastră, bolnavii de Alzheimer sunt plimbați între neurologie și psihiatrie. Nu există niciun centru special pentru îngrijirea lor, comparabil cu centre deja existente în Vest. Populația, neștiutoare de multe ori, judecă acești oameni și spune că sunt nebuni. Lipsa de diagnostic cert e încă larg răspândită. Oamenii nu se prezintă la medic la apariția simptomelor. Copiii se îndepărtează de părinții sau bunicii prinși în acest diagnostic. O sensibilizare aici este absolut necesară. Nu e nimeni nebun, nici chiar atunci când vede submarine galbene plutind sub un corcoduș. Cel puțin până nu se derulează o examinare competentă, nu putem eticheta un om. Nu o facem nici atunci când el primește un diagnostic în sfera psihiatrică, pentru că nimic nu ne garantează că noi nu putem suferi cândva de o afecțiune similară, mai ales în timpurile actuale care predispun la așa ceva. Avem nevoie de deschidere și înțelegere, de braț întins către cei care ne trezesc unele suspiciuni de boli. De fugit e ușor. O poate face oricine.

Omul care a păcălit moartea

În primăvara lui 2018 se întâmpla ceva ce avea să-mi schimbe felul în care văd viața. La mijlocul unei nopți de duminică spre luni, m-am uitat la un clip video, crezând că e un material amuzant, dar conținea o bătaie cruntă: doi tineri doborau un bătrân într-un pasaj și-l lăsau inconștient pe treptele din beton. Aveam să aflu că totul se petrecuse în Brașov. Nu știam dacă bătrânul mai trăiește. S-au răsucit toate organele în mine și am adormit cu greu.

Zilele care au urmat au fost extraordinare. Descoperisem că era în viață, în spitalul orașului de sub Tâmpa. Că fusese bă-tut pentru niște bani pe care îi avea de luat de la unul dintre tineri. Că nu avea casă și dormea pe unde apuca, mai ales într-un cort improvizat. Că era din Focșani, având familie acolo, unora trimițându-le bani din ce câștiga el. Voiam să mă duc eu să-l vizitez la spital și să îi dau banii care generaseră, se pare, conflictul. Postasem un mesaj scurt aici și oamenii au sărit imediat, dorind să ajute. Ce a urmat a fost incredibil. Într-o perioadă scurtă, am ajuns aproape de un miliard de lei vechi. Oameni care mai aveau câteva sute de lei voiau să renunțe la ei ca să ajute. Unii voiau să-și doneze casele. Părea ireal. Nu speram ca asemenea implicare să fie posibilă la noi.

Apăreau alte elemente însă și un segment al presei rostogolea informații dure: „A păcălit o țară întreagă. O să-i pară rău doctorului care a strâns bani, pentru că e un bețiv și nu merita atâta implicare".

M-am făcut bucăți. Erau declarațiile oamenilor din comuna în care bătrânul lucra cu ziua. Se spunea că e alcoolic și că face multe probleme. Că e și nebun și vede submarine galbene zburătoare pe deasupra copacilor. Am vrut să sper că nu e deloc așa. Am vrut să cred că totul va fi bine. M-am dus la Brașov, la spital, și l-am văzut. Stătea încovrigat, pe un sfert din pat, să ocupe cât mai puțin loc. La neurochirurgie, în salonul alb, am văzut un om care păcălise nu țară, ci moartea. Era afectat, dar nu avea nimic grav. Era obosit și alterna planurile real și imaginar. Spunea, printre altele, că-și plantase niște buruieni și cu ele își va vindeca un cancer la cap. Fabula. Am intuit că există o problemă neurologică. Nici vorbă de vreo formațiune tumorală - pe imagistică nu exista așa ceva.

După sărbătorile pascale, am sperat că îl pot duce în locurile natale, aproape de familie. Am facilitat un transfer la Focșani, în spitalul de acolo, secția de psihiatrie. S-a confirmat o d e m e n ț ă Alzheimer. Nu fusese nicio problemă pe partea de alcool. Am vrut să-i facem pensie și se încadra la gradul III de handicap, asta însemnând vreo 30 de lei pe lună. Am abandonat ideea cu pensia. Nu am găsit nicio variantă de a-l repune undeva într-o parte a familiei sau într-un centru local. Sunam și sunam, și sunam, și eram refuzat peste tot. Mai aveam un singur număr de telefon al unui domn care deținea un așezământ, dar era tocmai în Bihor, la sute de kilometri distanță. La Dumbrava/Tinca. Am sunat iar.

– Bună ziua, sunt doctorul Rădulescu de la București. Vă sun în legătură cu bătrânul bătut...

– Da, domnule doctor, știu toată povestea. Dacă vreți să-l trimiteți aici, îl primesc cu drag. Poate veni și astăzi.

Pe 18 august, am fost acolo unde bătrânul bătut la Brașov ajunsese. Eram copleșit de emoții, chiar dacă nu voiam să arăt asta. Am găsit un așezământ impecabil, care are grijă de 4-500 de oameni abandonați de familii, de stat, cu probleme psihice complexe, cu handicapuri fizice, cu cancere în faze terminale. Era un tărâm ce părea ireal. Între atâtea suferințe, erau trandafiri înfloriți, pui de căprioare, culori, liniște, un păun, un măgar pe care îl chema Gogu, speranță și bunătate. Casele erau vopsite într-un galben aprins, aproape frate cu lumina. L-am văzut pe cel pe care îl ajutasem. Era transformat. Cu zece ani mai tânăr. Era acum un bărbat puternic. Mai avea momente în care spunea nonsensuri, dar în principiu se bucura de liniștea locului și părea ancorat în prezent, în realitatea noastră, așa cum o știm noi.

Nu consumase pic de alcool. Iar peste drum de centru era o casă cu o curte mare, cu o vale ce se ducea într-un pârâu, cu meri și peri, cu iarbă verde și multă. Casa lui, luată prin implicarea oamenilor.

E aproape renovată acum și vopsită în galbenul care a devenit deja simbol al centrului. O casă în care, peste ani și ani, vor încăpea mulți alți oameni aduși acolo din toate colțurile țării ăsteia.

Omul nu păcălise pe nimeni. Nici pe mine, nici pe cei care au vrut să-l ajute. Păcălise doar moartea. În Alzheimer, nu există un tratament eficient. Pot apărea halucinații de tot soiul. Pot fi alternate planurile. Se uită mult. Stimularea creierului și apropierea de alți oameni sunt cruciale pentru decelerarea evoluției bolii. Domnul D. are stimuli importanți acolo. Are culoare, animale simpatice, lucruri de făcut și, mai ales, prieteni. Unul dintre ei spune vremea în toate regiunile țării și reține cantități impresionante de informații din cărți. Câteodată, joacă șah împreună. Altul vorbește simplu și râde cu gura până la urechi, din cele mai mărunte lucruri. Există culoare, bunătate, bucurie în orice.

Nu cred că a fost întâmplător ce s-a petrecut. Mi-a plăcut chiar să consider că submarinele galbene zburătoare pe care le mai descria domnul D. și ajungea astfel să fie numit nebunul satului erau, de fapt, casele galbene din Dumbrava/Tinca, zărite în depărtare.

Iar eu, după ce am trecut prin ce am trecut, văd totul un pic altfel. Un pic mai bine, cu și mai multă bunătate în jur.

Am scris pe larg despre această poveste fascinantă în cartea *Culorile uitării*, care este în esență o călătorie pe tărâmul creierului și uitării. Traseul este terapeutic, pentru că ne aduce aminte cât de mult contează unele povești în viața noastră. Cartea plonjează în teritoriul creierului, asigurând informații valoroase despre funcționarea acestuia, mai ales pe partea de conexiuni neurale și memorie.

Știai că?

Cartea inimii (o călătorie terapeutică) te poartă prin tot sistemul circulator, lung de peste 100.000 de kilometri, îți arată povestea inimii tale și cum să ai grijă de unul dintre cele mai importante segmente ale corpului. Cartea e plină de povești fascinante cu pacienți, din care vei învăța multe lucruri utile și interesante.

Găsești cartea pe www.readersdogood.ro sau www.drvasiradulescu.ro, în secțiunea Shop.

Antidotul uitării patologice

Antidotul uitării patologice, pe fondul acelei depuneri aberante de amiloid în structurile creierului, ar trebui să fie dat de medicină, dar aici evoluția este frânată de multe ecuații. Teritoriul cerebral rămâne învăluit în mister și nu cunoaștem încă mecanismele lui în profunzime. Ca să poți desluși o afecțiune și să elaborezi un tratament eficient, trebuie să abordezi problema pur anatomic, macroscopic, dar mai ales molecular, microscopic, studiind fenomene mărunte, interconexiuni, căi evident ce pot fi eventual interpelate cu ajutorul unor substanțe exogene. În teorie pare facil, dar practica ne-a arătat că mai avem multă treabă. Dacă în domeniul cardiologiei multe mistere s-au evaporat, s-a decelat și-n cazul inimii o depunere similară de amiloid. Mușchiul se îngroașă, apar fenomene de insuficiență cardiacă, apar tulburări de conducere cauzate de acumulările haotice în circuitele prin care circulă impulsurile electrice. Dar inima nu are neuronii ei, nu posedă celule nervoase, ci niște celule pur musculare, ce se contractă sub bagheta unor dirijori – alte celule cu funcție schimbată, ce emit spontan impulsuri nervoase, impulsuri care străbat apoi întreaga inimă pentru a imprima contracții normale, de pompă bine calculată, cu o curgere sangvină într-un singur sens. La creier, depunerea amiloidului joacă roluri numeroase, toate, distructive. Apare tot un soi de insuficiență, o insuficiență a memoriei. O sufocare neuronală sub o materie construită tot de corp. Pare o sinucidere lentă, absurdă, teribil de tristă. Să nu poți să-ți mai aduci aminte. Să nu mai recunoști oamenii de lângă tine. Să nu mai știi cine ești. Să nu-ți mai aduci aminte unde ai lăsat niște lucruri. Să nu-ți amintești unde e iubirea. Să uiți să mergi într-o direcție. Să uiți culorile. Să uiți să respiri.

Până când medicina va reuși să facă un screening eficient, descoperind persoanele la risc și intervenind prompt pentru a preveni apariția bolii, nu deținem antidot. Nu există procedeu terapeutic care să dea înapoi evoluția în Alzheimer. S-au elaborat scheme de tratament, conduite adjuvante, spații special amenajate, dar totul plutește încă în tristețe. Un orizont luminos ar putea fi tehnologia de editare genică, adică interpelarea unei secvențe în gene care este corelată cu apariția demenței la o anumită vârstă, apoi scoaterea ei de acolo cu ajutorul unor enzime speciale. Se fac pași mari în acest domeniu, dar e nevoie de câteva decade pentru a verifica bine toate repercusiunile, deoarece multe voci aduc în discuție deja joaca de-a Dumnezeu. Reticență a fost și-n fertilizarea in vitro, nu trebuie să ne sperie asta, dar cert avem nevoie de protocoale solide. Viitorul în medicină poate însemna o scanare atentă a genomului cu identificarea riscurilor de a dezvolta o anumită afecţiune, apoi cu intervenţia tehnologiilor tip CRISPR pentru a reconfigura genele şi a elimina aceste riscuri.

Gândul că suntem cu toţii la risc de a face această boală ar trebui să ne scuture și să ne facă să ne trăim vieţile cu bucurie, uimire și recunoștinţă. Cât mai putem să ţinem minte și să colectăm povești, să o facem. Nu știm ce va fi mâine. Poate vom zări submarine galbene peste dealuri. Poate vom ajunge să pendulăm între planuri reale și utopice. Poate ne vom rătăci pe drumuri angoasante. Nu avem certitudinea unui viitor în care uitarea să fie doar acel proces natural, de defalcare a lucrurilor inutile. Poate vom pierde ce e mai important pentru noi. Aceste proiecţii sumbre ne fac să găsim un antidot facil la uitare: aici și acum, cu iubire, cu recunoștinţă, cu generare de povești. Iar când întâlnim persoane care prezintă semne de plonjare în mrejele teribilei afecţiuni, să tragem un semnal de alarmă și să le ajutăm. În primul rând, nu trebuie să fie singure, ci incluse sub aripa unui program de ocrotire. În al doilea rând, să nu mai existe neajunsul subdiagnosticării, atât de pregnant la noi. Să nu mai existe stigmă. Să nu mai fie plasate etichete pe care scrie nebunie. Avem multe de învăţat și povestea domnului D. ne poate scutura serios. Viaţa noastră e pe clipe și clipele viitoare nu prezintă garanţia că noi vom rămâne cu creierele neatinse de uitarea patologică.

Dezastru

Până la sfârşitul clasei a VIII-a, am fost cel mai bun din şcoala mea micuţă. Urma examenul de capacitate şi toţi se aşteptau să iau printre primii. Ei bine, nu ştiu ce s-a întâmplat cu mine la examenul ăla. Când s-au afişat rezultatele şi-am văzut nota finală, nu mi-a venit să cred. Nu numai că nu urma să intru la prima clasă de mate-info din liceul cel mai bun din oraş, ci exista riscul să nu prind mate-info. Am plecat acasă zăpăcit şi n-am avut curaj să dau ochii cu ai mei. M-am dus undeva, în spatele casei, mi-am luat capul în mâini şi-am plâns în hohote. Apoi, ud pe faţă, am zis totuşi să arunc adevărul. Mama s-a cutremurat, aşteptările erau altele, am dezamăgit, nu a mai vorbit cu mine, am făcut-o de râs.

Vacanţa aceea a fost o perioadă în care am căzut psihic. Am intrat la a treia clasă de mate-info, m-am remontat cu greu, am fost iar primul până la finele liceului. Când mă gândesc retrospectiv, îmi dau seama că lucrurile s-au petrecut aşa pentru că aşa trebuia să se întâmple. Un eşec e o lecţie. Dacă sunteţi părinţi şi copiii voştri au luat note mai mici decât vă aşteptaţi, nu-i nicio tragedie. Nu treceţi cu ghetele peste sentimentele lor. Staţi aproape şi fiţi convinşi că totul va fi bine oricum, chiar dacă nu au prins cel mai bun liceu sau cea mai bună clasă. N-aş miza nici pe poziţia de fruntaş în clasă. Pe mine nu m-a ajutat cu nimic şi-am avut de suportat multiple antipatii, orgolii, vorbe. Fiecare om învaţă toată viaţa şi trebuie să profite de şcoală, de timpul liber, de conexiunile umane, toate, pentru a deprinde informaţii, aptitudini, experienţă. Chiar dacă nu eşti primul, tot poţi ajunge un inginer strălucit. Sau un scriitor. Sau medic de top. Contează să depui muncă, să perseverezi, să nu renunţi la primele hopuri avute, să ai încredere că lucrurile se vor aşeza, cu energie din partea ta şi din alte părţi. Eşecuri vor mai fi, succese, la fel.

Fiţi alături de copiii voştri şi, indiferent de rezultate, nu treceţi cu ghetele alea butucănoase peste sufletele lor. Educaţia e un fir continuu al vieţii, nu e un examen. Cât timp există educaţie continuă, bun-simţ, respect, muncă, poftă de cultură, aplecare spre frumos, dorinţă de a cunoaşte versiuni superioare ale propriilor persoane, părinţi mişto, profesori excelenţi, copiii vor merge în direcţia bună şi vor ajunge bine de tot.

Mama s-a prins repede că a reacţionat greşit atunci. M-a sprijinit cu medicina, am intrat aici fără emoţii, am terminat-o, mi-am făcut şi rezidenţiatul şi-am ajuns medic-medic, adică specialist. Tot un nimic, dacă mă întrebaţi pe mine. Dar era şi visul meu, era şi-al ei; îşi dorise să devină doctoriţă, nu a reuşit din motivele vremurilor apuse pline de greutăţi, am reuşit eu, cumva, şi pentru ea. Cum ziceam, lucrurile pe undeva se aşază.

O închisoare pentru copii

Există familii multiple în care copiii nu trăiesc o perioadă minunată a vieţii lor, ci sunt plasaţi în echivalente de carceră. Sunt controlaţi la tot pasul, sunt presaţi să facă una şi alta, li se creează programe infernale, au puse lese invizibile care nu-i lasă să aibă libertatea pe care o merită. Să nu ia virusuri sau bacterii, să nu se lovească, să nu stea lângă semeni din alte clase sociale, să urmeze un drum bine pavat, cu o direcţie atent calculată sunt numai câteva dintre principiile aşa-zis sănătoase ale unor părinţi.

Părinţii aceştia au impresia că vor avea copii de excepţie. În realitate, ei cresc nişte plante ofilite, nişte personalităţi ştirbite, nişte oameni mici, cărora visurile le rămân tot timpul mici. Copiii au nevoie să fugă. Au nevoie să întâlnească pericole pentru a învăţa să se apere. Au nevoie să-şi facă bube în genunchi şi-n coate. Au nevoie să dea piept cu bacterii pentru a primi seturi competente de anticorpi, apărare imună pe măsură. Au nevoie de interacţiune cu ceilalți copii și cu natura. Au nevoie să viseze. Au nevoie să încerce și să greșească.

În fiecare copil există potențiale multiple. Unul va fi găsit, sămânța va fi apoi plantată și udată cu grijă, iar planta va aduce roade în timp. Va avea și paraziți, se va și usca, o va bate vântul, o va astupa zăpada. Copilul va învăța, în evoluția lui în viață, cum să se comporte. O va face singur și prin lecții frumoase de la cei mari, nu traumatizante, nu mereu punitive, nu reci și apăsătoare, nu limitative.

Iar dacă va greși la un examen sau în alt capitol al vieții, niciun părinte nu va intra cu ghetele butucănoase în sufletul lui, rupându-l. Nu e nicio tragedie. Lucrurile se vor aranja, cumva. Trebuie să creștem oameni mici și frumoși care vor ajunge oameni mari și frumoși, într-o lume deschisă, a încercărilor, a pericolelor mărunte sau uriașe, a respectului pentru ceilalți, a iubirii. Trebuie să-i lăsăm un pic mai liberi.

Închisorile în care mulți părinți își țin copiii, controlându-le viața cu șublerul și biciul, vor naște nefericire, inadaptare, boală. N-ar trebui să existe niciuna.

Ce le arătăm copiilor noștri

Observ în jurul meu o protecție exagerată a copiilor din partea părinților. Nu li se dă voie să intre în contact cu diverse lucruri, să învețe despre ceva anume considerat rușinos, să stea prin murdărie, să exploreze cu mâinile mediul înconjurător și lista poate continua. Mă sperie însă altceva: copiii sunt protejați de componentele negative ale vieții.

Îmi aduc aminte cum mă plimbam pe holul spitalului ținând în mână „Oscar și tanti Roz" a lui Eric-Emmanuel Schmitt. Fără să divulg detalii semnificative, în carte e vorba despre un puștan bolnav de cancer. Mai multe colege mămici au fost atrase de coperta albastră a cărții și de titlu, cerându-mi să le împrumut cartea. Mi-au adus-o înapoi repede: „Nu am putut să citesc așa ceva. Eu am copil mic acasă, nu vreau să aud des-pre cancere și alte chestii triste!". Am rămas pe undeva surprins. Extinzând barajul, m-am gândit la întoarcerea asta de spate și la cum consider eu că ar fi bine. Eu aș fi citit povestea (lucru făcut) și aș fi explicat-o frumos copiilor mei (nu am încă), să învețe și ei că viața nu e frumusețe continuă, ci include și boală, luptă, tristețe, haos. Că sănătatea nu-i un bun garantat. Cred că așa ei ar putea învăța de mici ce înseamnă prețuirea unor elemente, re-cunoștința, facerea de bine pentru alți oameni aflați în greutăți.

Cred că exemplul poate fi elongat. Mi-aş duce copiii să vadă o familie plină de neajunsuri materiale. I-aş duce într-un spital cu alți copii în suferință. Le-aş arăta asociații sau compa-nii care fac bine. Astfel, orice copil înțelege de mic registrele mai grele ale vieții și nu crește în aroganță, egoism, autosufici-ență. Nu se face mai mare știind că totul e neted și frumos, că orice i se cuvine, că sănătatea lui e garantată. Sensibilizarea asta la suferință poate fi o propulsie veritabilă.

Obezitatea la copii: o tragedie

Zaharuri, grăsimi, fast-food, sedentarism. Obezitatea la copii explodează. Ne vom concentra acum pe o problemă frecventă care duce la obezitate, și anume sucurile de fructe.

În ultimii ani, s-au promovat atât de mult storcătoarele de fructe și aparatele care fac smoothie, încât ravagiile făcute de acestea au devenit uriașe. Cum s-a întipărit ideea că sucurile sunt sănătoase, adulții s-au gândit să le ofere și micuților aceleași sucuri, să le întărească imunitatea și să-i umple de energie. Coroborând alte obiceiuri nesănătoase impuse de părinți, obezitatea la copii a ajuns la cote alarmante.

În realitate, aceste sucuri de fructe au efecte nocive asupra organismului, mai ales că sunt gustoase şi se beau repede, ignorându-se faptul că acolo s-au folosit multe sute de grame de fruct. Fructele ar trebui consumate ca atare, pentru a stimula masticația și cascada digestivă, pentru a primi fibre, a ține stomacul mai mult timp plin. Zaharurile pe care le conțin sucurile atacă smalțul dentar și produc carii. Deoarece se evacuează rapid din stomac, nu generează sațietate. Cantitatea mare de zaharuri absorbite rapid dă explozie insulinică în pancreas, iar nivelurile disproporționate ale glicemiei și acțiunea promptă a insulinei cresc riscul de diabet. Fructoza din aceste sucuri determină ficatul gras (steatoză hepatică nonalcoolică). Lista poate continua.

„În sfârşit, Asociația Americană de Pediatrie recomandă să nu se dea copiilor sucuri, nici măcar atunci când sunt sugari. Pireuri de fructe la 5-6 luni cu lingurița, nu în biberon, iar suc din fructe proaspăt stoarse doar în completarea unei mese până la 1 an. Eu, una, nu aş recomanda nicio picătură de suc decât atunci când copiii au febră sau nu pot mânca din cauza unei afecțiuni intercurente (ca sursă de glucoză/fructoză și pentru hidratare). Sucurile nu dau sațietate, fiindcă creierul nu le înregistrează ca mâncare (din cauză că nu mestecăm), alternându-se mecanismul foame-sațietate cu care ființa umană se naşte. Urmează tulburările inerente de comportament alimentar la adolescență", ne spune dr. Simona Tivadar, medic primar de diabet și boli de nutriție.

Părinții ar trebui să limiteze aceste sucuri, pentru ei și, mai ales, pentru copii. 1 din 3 copii în România este supraponderal. Unde ar trebui să ajungem ca să considerăm obezitatea la copii o tragedie? Este deja o tragedie, dar, din păcate, mulți nu o conștientizează. Copiii nu cresc singuri, nu pot avea alegeri în primii ani de viață.

Felul în care sunt ei crescuți de către părinți va dicta felul în care vor trăi. Vor avea un anumit comportament alimentar, vor suferi sau nu de boli grele, se vor lupta cu multe kilograme în plus sau vor sta în limitele vârstei. De părinți depinde.

Limitarea carbohidraților (sucuri, dulciuri, prăjituri, pâine) și a grăsimilor, impunerea unei alimentații echilibrate și moderate, promovarea mișcării pe cât posibil în aer liber sunt măsuri pe care ar trebui să le îmbrățișeze orice părinte și care vor avea efecte benefice pe termen lung asupra micuților.

Să mănânci tot din farfurie

„Să mănânci tot din farfurie", ne spuneau bunicii sau părinții. Să mănânci tot, că altfel nu primești desert. Și mâncam tot, mai mult obligați de șantajul emoțional, trebuind să trecem prin porți grele pentru a ajunge la delicioasele prăjituri. Erau de casă sau de cumpărat, pline de zahăr, dar ce mai conta. Rupeam străzile în lung și-n lat, ridicam colbul deasupra capetelor noastre, ne făceam bube în genunchi (întâmplător sau nu, ele se cheamă bube dulci ale copilăriei), plecam în expediții, băteam mingea toată ziua și consumam toate caloriile, de nici nu apucau să vadă țesutul adipos.

Timpul a zburat și acel „Să mănânci tot din farfurie" mă apasă. Pentru că fiecare copil va mânca atât cât poate, până apare sațietatea. Pentru că puțini copii mai fac multă mișcare. Pentru că farfuriile sunt cam mari. Ar trebui să ne luăm copiii de mână, să-i lăsăm să se împrietenească natural cu alții - și cât de ușor o fac –, să-i mai desprindem de tablete și de telefoane (nu e nimic rău în a le utiliza puțin, trăim totuși într-o explozie tehnologică), să nu-i bombardăm cu sucuri de fructe sau alte minunății, să-i hrănim cu moderație și bun-simț.

Copiii noștri nu cresc singuri. În primii ani, vor copia obiceiurile părinților. Vor face ce li se arată și li se spune. Vor mânca, iar dacă vor fi șantajați cu dulciuri (mecanism dopaminergic, dependență la nivel central), vor ajunge să mănânce tot dintr-o farfurie mare, în care, de regulă, sunt sosuri, prăjeli, mulți carbohidrați, multe grăsimi animale.

Dacă nu vor fi stimulați să iasă din casă, să-i bată soarele, să-și facă anticorpi, să ardă caloriile, să-și utilizeze mușchii, să comunice frumos cu alți copii, ne vom trezi că îi avem obezi la vârste fragede, cu risc crescut de diabet, boli de inimă, de plămâni, de orice alt organ, cu afecțiuni psihice, cu izolări reci. Îi vom avea bolnăvicioși, pentru că nu stimulează mai nimic imunitatea naturală, dobândită, ca reacție la factorii de mediu.

Să mănânci tot din farfurie trebuie să însemne o farfurie mică, cu alimente în doze moderate, cu multe legume, cu apă aproape, cu fructe proaspete, cu câteva semințe, cu carne, cu pește, cu brânzeturi, ideal fără convergență într-un desert care abundă în zahăr. Iar pe lângă asta, multă mișcare în aer liber, uz limitat de gadgeturi, puțin televizor, multe cărți, multă interacțiune directă cu oamenii, fie ei mari sau mici.

Prevenție înseamnă și să ne creștem copiii sănătoși, normoponderali, fără să-i chinuim prin spitale sau cu ulterioare diete imposibile. Trebuie să fie modul cel mai bun în care le arătăm cât de mult îi iubim.

Nebulizăm orice, numai să nebulizăm

Este la modă nebulizarea, adică administrarea unor substanțe cu ajutorul unui aparat ce transformă anumite lichide în aerosoli, iar acești aerosoli ajung în organism prin inhalare. Nebulizatorul are un container în care se pun substanțele, un convertor, o pompă specială, un furtun și o mască ce se așază pe fața celui care necesită un anumit tratament. Aceste aparate sunt acum foarte folosite la copii și vârstnici, sunt utile în astm, fibroză chistică, bronșite cronice obstructive, dar trebuie să avem grijă ce nebulizăm și mai ales când o facem.

Ne vom concentra asupra copiilor, pentru că aici există multiple probleme și greșeli. În primul rând, părinții nu ar trebui să administreze substanțe prin nebulizare la orice secreție observată în nările micuților. Toaleta se poate face lejer cu un șervețel, iar în lipsa altor simptome (febră, tuse, dureri în gât), secrețiile vâscoase pot fi lăsate în pace.

Este util să știți că iubitele fiole de dexametazonă nu sunt făcute pentru a fi puse în nebulizator! Dexametazona existentă acum se administrează intramuscular sau intravenos. Atât. Propionatul de fluticazonă este un cortizonic făcut pentru a fi dat și prin nebulizare, dar, din păcate, se găsește greu în farmacii. Spacerele de tip disc sau spray se găsesc, se dau cu rețetă medicală și sunt eficiente, condiția fiind să se utilizeze corect.

O problemă aparte, deosebit de importantă, este recurgerea la adrenalină în nebulizator. Mulți părinți vor să pună adrenalină micuților în răceli, că au citit pe undeva că trece mai repede așa. Mare atenție aici. Adrenalina are indicații precise (forme severe de laringită sau bronșită) și trebuie dată în spital sau cabinet, numai după un consult riguros al medicului care, în condiții absolut limitate și rarisime, poate da voie părinților să continue terapia la domiciliu! Folosirea irațională a adrenalinei poate atrage consecințe serioase (constricție severă a căilor respiratorii prin spasm paradoxal, până la forme de insuficiență respiratorie acută, tahicardie sau aritmie, afectare de miocard cu durere în piept, creștere tensională, alterarea statusului mintal etc.).

Alte substanțe precum mucoliticele (ACC - acetilcisteina), bronhodilatatoarele sau soluțiile hipertone trebuie folosite cu prudență, iar nebulizarea nu se va face pentru orice afecțiune măruntă, pentru că uzul prelungit și nejustificat poate atrage reacții adverse, chiar dacă per se nebulizarea este mai sigură față de alte tipuri de administrare.

Recomand grijă, apelare justificată la aparat, evitarea folosirii dexametazonei și administrarea de adrenalină doar sub supravegherea medicului, în cazuri precise, după un consult minuțios, ideal doar în spital.

Copilul are roșu-n gât!

Văleu! Să-i dăm antibiotic, să-i facem dexa în nebulizator, să-i determinăm ASLO neapărat... De câte ori oare nu trec părinții prin așa ceva?

Roșul în gât înseamnă faringită, o inflamație locală a faringelui, agentul cauzator fiind streptococul. Societățile de pediatrie recomandă monitorizarea și... așteptarea, întrucât boala este autolimitată și trece de la sine în câteva zile.

Nu este indicat niciun antibiotic, nebulizarea, firește, nu are ce să caute aici, mai ales că dexametazona, încă o dată o spun, este făcută doar pentru administrare intramusculară sau intravenoasă, nu și pentru cea inhalatorie!

De asemenea, determinarea ASLO nu are nicio valoare într-un puseu de faringită, pentru că nu oferă nicio informație relevantă.

Se pot folosi antiinflamatorii locale sau generale, cu prudență. Hidratarea orală optimă este deosebit de importantă. Se așteaptă și se merge la medic doar dacă există antecedente de reumatism articular acut, dacă apare febra înaltă, disfagie marcată (greutate în înghițire). Altfel, nu sunt necesare măsuri elaborate, pentru că afecțiunea este autolimitată.

Abuzul de antibiotice, recomandarea lor greșită pe baza ASLO (cât moldamin sau penicilină, toate făcute inutil!) pot atrage consecințe nefaste, pentru că izolează anumite populații de bacterii și le face multirezistente în timp la majoritatea antibioterapiilor. Nu se vor consuma lichide prea reci sau prea calde, iar alimentele care pot irita mucoasele se evită.

Educația medicală la copii

Educația medicală se construiește de la vârste mici, numai așa putem vorbi de prevenție veritabilă, de însușirea corectă a unor noțiuni, de demitizare, de procedarea excelentă în cazul unor situații dificile. Felul în care avem grijă de copiii noștri și-i educăm arată cât de mult îi iubim. Societatea trebuie să înțeleagă rolul crucial al educației, chiar peste rolul medicinei propriu-zise. Un copil care știe ce și cât să mănânce, care cunoaște funcționarea corpului, importanța mișcării, a somnului, a psihicului, care e familiarizat treptat cu măsurile de prim ajutor, care e responsabilizat civic devine un adult care păstrează informații veritabile și principii sănătoase. Relațiile părinte-copil, educator-copil, copil-copil, societate-copil sunt pilonii unei educații generale de calitate, în care neapărat trebuie să-și facă loc și educația pur medicală, de la nutriție până la exerciții pe manechin, în învățarea tehnicii de masaj cardiac extern. Ne confruntăm cu o explozie de obezitate infantilă, cu micuți pentru care ziua de mâine înseamnă stigmat și riscuri crescute pentru principalele boli, cu mituri aiuritoare ce sunt perpetuate, cu noțiuni elementare lipsă, când sunt atât de importante și atât de ușor de absorbit de creierele dornice de informație. Am susținut că părinții nu trebuie să configureze în detaliu viețile copiilor, să nu-i protejeze excesiv, să nu le ofere mereu totul de-a gata, ci să-i învețe, să-i lase în natură, să-i motiveze să facă singuri unele lucruri, să le arate chiar situații în care alți copii sunt săraci sau bolnavi, pentru a-i scutura și a le impregna responsabilitatea civică, apetitul de a-i ajuta pe ceilalți, recunoștința pentru ceea ce au. Sistemul educațional nu va scoate oameni pregătiți de viață, ci scribi gata să reproducă ideile altora, să-și ignore semenii, să intre în competiții absurde. Trebuie să-l schimbăm.

A propos de educația pentru sănătate la copii, vedeți că am lansat două serii de cărți ilustrate, speciale pentru acest scop. Prima gravitează în jurul lui Oni, un puşti fascinat de corpul uman. A doua îl prezintă pe Doctor Vasi la cabinet, tratând o mulţime de personaje simpatice! Cărţile pentru copii se găsesc deja pe readersdogood.ro şi drvasiradulescu.ro

25 de mituri despre sănătate şi corpul tău

De la utilizarea creierului într-o măsură mică până la tratamente-minune, cu siguranţă încă se discută acerb despre chestiuni care, în definitiv, n-au niciun fundament, dar pe care unii continuă să le utilizeze ca şi cum ar fi adevărate. Pentru că ne dorim să facem educaţie de calitate aici, veţi învăţa că toate cele ce urmează sunt mituri.

1. Părul de pe cap sau corp nu creşte deloc mai gros sau mai des dacă este ras cu lama. La fel şi reticenţa de a folosi lama pentru epilat, din teama că părul va creşte mai gros. Nu există aşa ceva. Fiziologic, nu cunoaştem niciun mecanism prin care foliculul poate dicta mărirea grosimii firului de păr, care va creşte la fel ca înainte.
2. Nu, părul sau unghiile nu continuă să crească după moartea unui om. În realitate, cu trecerea unor zile, pielea se strânge, dând falsa impresie de creştere a fanerelor.

3. Nu, nu ai capul gol. Există un mit potrivit căruia atomul ar conține mult spațiu gol între electron și nucleu și practic ai mai mult spațiu decât materie pură în cap. Fals. În realitate, spațiul din jurul nucleului este simultan ocupat de electron, care poate fi prezent în orice punct posibil în momentul observației. Se cheamă interpretare Copenhaga și derivă din fizica cuantică. Simplificând, putem considera că tot spațiul din jurul nucleului este ocupat, similar efectului de expunere lungă din fotografie, când o autostradă poate apărea încărcată în dungi date de stopurile acelorași mașini.
4. Nu, nu te naști cu un număr de neuroni și nu mai apar deloc în timpul vieții. Alte celule se pot transforma în neuroni, creierul este într-o continuă dezvoltare. Fenomenul de plasticitate este descris de mai mult timp și s-au identificat deja numeroase arii în care se formează noi neuroni.
5. Se dă degeaba șoc electric când inima este în asistolie (adică, nu mai bate). Peste tot, prin articole sau filme, vedem șoc în caz de linie izoelectrică. E o manevră inutilă. Șocul se dă în tahicardii/aritmii maligne, cu instabilitate hemodinamică, pierdere a stării de conștiență, iminență de stop.
6. Nu, nu-ți faci vederea mai bună dacă mănânci mulți morcovi. Vă spun ceva interesant aici. În Primul Război Mondial, nemții trimiteau bombardiere spre Marea Britanie și habar nu aveau că englezii inventaseră un radar capabil să depisteze avioanele, astfel știind din timp fiecare poziție a

aeronavelor inamice şi trimiţând acolo o apărare pe măsură. Nemţii erau uluiţi şi nu înţelegeau cum e posibil să fie interceptaţi aşa uşor; au concluzionat că britanicii au avioane peste tot deasupra Canalului Mânecii şi astfel reacţionează atât de prompt. Datorită acestui lucru, s-au abţinut să-i atace decisiv. Întrebat de toată grozăvia asta, un om de ştiinţă a spus chiar că britanicii lansaseră zvonul că piloţii lor consumă mulţi morcovi şi aşa văd foarte bine, chiar la distanţe considerabile. Germanii au cam înghiţit găluşca. În realitate, cel care vedea era radarul. Morcovul este un aliment sănătos, dar nu va face minuni cu vederea ta.

7. Nu, nu există nicio vitamină B17 care distruge cancerul. Amigdalina (denumită impropriu vitamina B17 de nişte indivizi care ştiau că aşa va fi mai uşor de vândut) e o substanţă toxică în cantităţi mari şi nu există niciun studiu care să arate că distruge vreo celulă canceroasă.

8. Nu ai nevoie de sport pentru slăbit. Cheia este în alimentaţie. Paradoxal, sportul te poate face să iei în greutate, pentru că-ţi generează senzaţie de foame şi aport necontrolat. Dacă vrei să slăbeşti, ai mare grijă ce mănânci şi redu caloriile ingerate. Sportul îl laşi pentru tonus fizic şi psihic.

9. Nu ai nevoie de opt pahare de apă pe zi. Hidratarea este deosebit de importantă, însă nu există o cantitate bătută în cuie. Trebuie să bei mai mult când stai în temperaturi înalte şi transpiri semnificativ, când pierzi în timpul exerciţiilor fizice, dacă ai avut episoade diareice sau de vărsătură etc. Orice organism are nevoi distincte și aportul este dinamic.

10. Nu există detox prin sucuLețe sau alte preparate. Există produși metabolici care se elimină prin urină, sudoare, scaun, respirație. Curele de detoxifiere nu au niciun fundament științific.

11. Nu, nu poți crește imunitatea cu suplimentul X sau produsul Y. Imunitatea este centrala ta atomică, e autoreglată în cel mai mic detaliu. Dacă e deficitară, poate interveni medicul să o ajute. Dacă e supraexprimată, nu e bine deloc și ai nevoie de medicamente imunosupresoare. Nu-ți dorești să crești oricum imunitatea!

12. Nu, guma de mestecat nu rămâne șapte ani în stomac dacă o înghiți. În cazul în care nu poate fi digerată în întregime (de multe ori, așa se întâmplă), ea este antrenată de peristaltica puternică și părăsește corpul la 1-2 zile după ingerare. Nu se întâmplă nimic rău.

13. Nu te dor inima, plămânii, creierul. „Durerea de inimă" e resimțită la suprafață în piept, spate, brațe, mandibulă, abdomen, dar niciodată mai jos de ombilic. Plămânii nu dor, ci pleura care-i învelește. Creierul nu doare pentru că nu deține receptori de durere - unele operații se pot face doar cu anestezie locală (piele + meninge).

14. Nu îți utilizezi doar 10% din creier. Există procese conștiente și inconștiente, simultane și alternative, care utilizează toată masa creierului.

15. Nu citești literele din cuvinte, ci procesezi

forma cuvintelor. Creierul poate astfel recunoaşte lejer o mie de cuvinte pe minut. 4C357 M354J D3M0N57R34Z4 C4 M1N73A N0457R4 E573 C4P4B1L4...

16. Inima nu se odihneşte în diastolă. După o contracţie, începe procesul de relaxare, prin care miocardul ventricular revine la dimensiunile de repaus, generând un efect de sucţiune important al sângelui din atrii. Acest proces este mare consumator de energie (ATP), astfel că inima în esenţă nu se odihneşte nici în diastolă.

17. Nu toată lumea are acelaşi număr de muşchi sau oase. Există oameni care au mai puţine sau mai multe coaste, oase supranumerare apărute lângă articulaţii, vertebre în plus sau minus, muşchi lipsă. Trăiesc foarte bine și așa, cu variaţiuni, de regulă, compensate fără probleme.

18. Vaccinurile nu provoacă autism. Nu există nicio asociere depistată, după analizarea minuţioasă a datelor medicale disponibile.

19. Nu există un paracetamol strălucitor care conţine virusul Machupo (o inepţie care a circulat pe social media).

20. Venele nu sunt albastre şi nici nu conţin sânge albastru. Sângele venos este roşu închis, având foarte puţin oxigen. Vedem venele superficale albastre din cauza unor efecte optice. Mare parte din lumină este direct reflectată de piele. Lumina care penetrează pielea şi ajunge la venele superficiale se comportă diferit în funcţie de lungimea de undă.

Lumina roșie este absorbită preponderent, iar cea albastră este respinsă, de aici tendința spre albastru a venelor superficiale.

21. Antibioticele nu au nicio valoare în viroză, ele neputând distruge virusurile.

22. Curentul (de aer) nu provoacă boli. Sunt oameni care ne spun că toate afecțiunile din lume sunt practic date de statul în curent, dar nu există niciun fundament științific care să susțină acest lucru.

23. Dacă cineva vă livrează un amestec de plante care tratează cancerul, fugiți. Nu există așa ceva, cum la fel de bine acești indivizi nu au înțeles până acum că există peste 300 de tipuri de cancer, nu unul singur, „cancerul".

24. Homeopatia nu are nicio dovadă științifică serioasă în spate.

25. Medic homeopat nu există. Este o contradicție în termeni. Există medici care fac medicină adevărată și alți indivizi care promit marea cu sarea (sau mai bine zis cu zahărul) și practică ceva departe de știința adevărată.

Câteva confuzii în termeni

M-am întâlnit, de-a lungul anilor, cu multiple exprimări întortocheate și mi-ar plăcea ca oamenii să nu perpetueze aceste construcții care n-au nici noimă, nici substrat anatomofuncțional, iar de multe ori sfidează chiar și regulile fizicii, ca să nu le mai amintim pe cele ale bunului-simț. De la frezoane la forozolidom nu-i cale atât de lungă, dar drumul e întortocheat și anevoios, pavat cu pietre cubice, mâncate de timp și de lipsa grijei pentru propria persoană, care duce la eroziuni triste. Da, atenția la exprimare și uzul corect al unor noțiuni țin tot de respectul pentru propria persoană șmâncate de timp și de lipsa grijei pentru propria persoană, care duce la eroziuni triste. Da, atenția la exprimare și uzul corect al unor noțiuni țin tot de respectul pentru propria persoană.

Mi-am scos apendicita. Corect este *mi-am scos apendicele,* pentru că apendicita este inflamația acestuia. Iar apendicectomia este intervenția chirurgicală pentru scoaterea lui și rezolvarea patologiei. Am spus că e corect raportându-mă strict la prima exprimare, dar firește că nu e corect sau normal ca o persoană să-și scoată singură apendicele. Nici nu poate face asta. Există documentat un singur exemplu în istoria medicinei, când doctorul Leonid Rogozov și-a scos singur apendicele, în anul 1961. Se afla într-o expediție rusă în Antarctica și era singurul medic din acel grup. La finalul lunii aprilie a început să se simtă rău, să aibă amețeli, stări de greață și vărsături, febră și slăbiciune generală. După ce au apărut și durerile abdominale, și-a dat seama imediat că avea apendicită. Cum nu putea fi evacuat pe calea aerului din pricina unor furtuni, a încercat să se trateze cu antibiotice, dar starea i s-a agravat. Operația era iminentă, așa că a improvizat o sală de intervenții și a practicat autoapendicectomia, lucru incredibil dacă ținem cont de abordul restrâns spre apendice, de durere, de poziție. După aproximativ două ore și multiple pauze, doctorul Rogozov reușise să se salveze. „Am lucrat fără mănuși. Vedeam foarte greu. Oglinda mă ajuta, dar mă și încurca – la urma urmei, arăta lucrurile invers. Am lucrat mai mult pe pipăite. Sângerarea era puternică, dar nu m-am grăbit - am încercat să lucrez prudent. În timp ce deschideam peritoneul, am tăiat cecumul din greșeală și am fost nevoit să-l cos... Eram tot mai slăbit, iar capul începea să se învârtă. La fiecare patru-cinci minute, luam o pauză de 20-25 de secunde. În sfârșit, l-am văzut, blestematul de apendice! Îngrozit, am remarcat pata neagră de la baza sa. Asta însemna că o singură zi dacă mai amânam operația, probabil ar fi plesnit. În cel mai prost moment, când îndepărtam apendicele, am simțit că-mi stă inima și că mâinile mi s-au înmuiat. M-am gândit că povestea se va termina rău. Tot ce trebuia să mai fac era să îndepărtez apendicele... Apoi am realizat că, practic, eram salvat", povestește el într-o scrisoare pe care a trimis-o familiei. S-a recuperat rapid și s-a întors acasă.

Am probleme cu glanda. Prin glandă ar trebui să se înțeleagă aici tiroida, numai că ea e o glandă printre multe altele din corp. Corect este am probleme cu tiroida, fie că discutăm despre hipo-, hipertiroidism sau alte afecțiuni locale. De asemenea, abuzul de mă îngraș de la glandă ar trebui să dispară.

Am o bilă leneșă. Bila este produsul de secreție al hepatocitului, celula principală din ficat. Acest lichid se scurge continuu și se stochează în colecist sau vezica biliară, de unde este apoi expulzat în timpul mesei, pentru a completa digestia. Corect este am colecistul leneș, însă și aici exprimarea e forțată și inexactă, pentru că obiectivarea lenei colecistului de către deținătorul organului e cam greu de făcut.

Mă doare creierul. Am văzut în capitolul dedicat – creierul nu are receptori de durere și nu doare, senzația neplăcută fiind generată de învelișuri sau mușchi. Corect este mă doare capul, chiar dacă pare destul de grosier. Nu trebuie să cădem în extreme acum și să încercăm estimări de finețe, de tipul mă doare arahnoida sau locul de inserție pe mastoidă al mușchiului sternocleidomastoidian.

A făcut infart. Infarctul, căci despre el vorbim, poate să apară în orice organ, prin întreruperea aportului sangvin. Există infarct de splină, de intestin subțire... Când ne referim la inimă, vorbim despre infarct miocardic, deci corect va fi a făcut infarct miocardic. Cu un c intercalat între r și t, că așa-i cuvântul.

Am venit să-mi faceți vagin antetetanus. Aici e o panoplie de încurcături. Discutăm, firește, despre vaccinul antitetanic. Refuz vagin antetetanus a stat scris pe o foaie de observație și deja a intrat în analele istoriei viralurilor de pe internet.

Am palpitații la inimă. Palpitațiile sunt bătăile conștientizate ale inimii. În mod normal, cordul lucrează în silențiu și nu este perceput. Construcția palpitații la inimă este pleonastică.

Are lumbago cronic acutizat. Lumbago este un termen des folosit în reumatologie și înseamnă lombalgie acută, adică durere în zona lombară, dată de un conflict nervos local la nivelul nervilor ce ies dintre discurile vertebrale. Lumbago cronic este o contradicție între termeni, iar adăugarea acutizat acolo generează o ruptură neuronală ireversibilă.

Ești nebun la cap. Sigur, la genunchi n-a înnebunit nimeni până acum.

E pe sistem nervos. Asta e acoperirea ubicuă atunci când nu se găsește o cauză organică a unei afecțiuni. Îmi iau medicamentația cu sfințenie. Termenul corect este medicație.

Mi-am scos amigdalita. Exact ca în cazul exemplului apendicitei, amigdalita reprezintă inflamația amigdalelor, acele mici organe cu rol imunologic care stau cuminți în gât și se umflă când vor ele, producând coșmaruri.

Eu am tensiune arterială. Orice om are. Corect este să se menționeze hipertensiune arterială sau hipotensiune arterială.

Eu sunt cardiac. Orice om care deține inimă este cardiac. Corect este eu am probleme cu inima.

Am frezoane la cap. Firește că aici sunt frisoane și ele, de regulă, apar generalizat, drept contracții musculare generatoare de căldură. Exprimarea a apărut într-un interviu, și el viralizat.

Vreau o cutie de forozolidom. Avem în medicină câteva medicamente care dau mari bătăi de cap, iar furazolidonul este unul dintre ele. Aș mai aminti de metoclopramid, care este stâlcit, sărmanul, în fel și chip.

M-a tras curentul. Mișelul. Vă imaginați cum și-a băgat el mâinile prin ferestre, a apucat un exponent al speciei umane și l-a tras prin ele, zăpăcindu-i starea de sănătate. În realitate, nu există vreo patologie care să fie dată de statul în curentul de aer și nicio societate civilizată nu recunoaște această expresie mirobolantă.

Am temperatură. Cine nu are? O fi febră, o fi hipotermie? Cine ştie...

Cartea *100 de mituri despre sănătate (cu eleganță și umor demontate)* vă aşteaptă cu o mulțime de mituri dezlegate, asigurând informații bune și porții serioase de râs!

Când oamenii iau cam prea multe pastile

Există în ultimii ani în medicină un concept care trage un serios semnal de alarmă: *overmedication*. Practic, se iau și se dau prea multe pastile, când indicațiile clare sunt cu totul altele. Pastilele au rolurile lor deosebit de utile, dar bombardarea organismului cu tot felul de substanțe ar trebui limitată. Pe de o parte, substanțe ca acetaminofenul sau ibuprofenul se pot procura la liber. Piața de suplimente este nereglementată, cu riscurile de rigoare. Pe de altă parte, mulți medici exagerează cu medicamentele, atunci când aranjează o schemă de tratament. Vom analiza câteva cazuri precise, ca să fie totul cât mai ușor de înțeles.

În practica mea, am văzut o mulțime de pacienți care doreau să-și obțină o stare perfectă de sănătate, apelând la tot felul de suplimente. Luau ciuperci pentru rinichi, anumite săruri concentrate pentru ficat, extracte din plante exotice pentru intestine, cartilage de pești oceanici pentru articulații, vitamine pentru creier, pulberi antioxidante pentru inimă. Mai mult de 10 astfel de pastile pe zi. Cum s-o fi simțit ficatul, acea uzină incredibilă care trebuie să metabolizeze toate substanțele respective?

Suplimentele reprezintă o piață de multe miliarde de euro și efectele lor benefice, fără carențe clar dovedite de medic, sunt chestionabile. S-au tras multe semnale de alarmă în acest domeniu, mai ales când s-au observat distrugeri hepatice în uzul irațional al preparatelor de tip supliment. O alimentație sănătoasă, diversificată, coroborată cu expunerea la soare, reprezintă măsuri suficiente pentru a nu fi nevoie de niciun supliment. Dacă medicul observă la analize un deficit, va interveni strict pe acel nivel, fără administrări haotice.

Paracetamolul (substanța aceasta activă se mai numește acetaminofen) este luat la orice, fiind un medicament nelipsit din casele oamenilor. Problema apare când se găsește în forme cu eliberare prelungită și-n doze mari (spre exemplu 1g), iar autoadministrarea după ureche poate conduce la efecte adverse serioase. Mulți oameni iau paracetamol sau ibuprofen preventiv, în caz că o să-i doară ceva. Teribilă această prevenție.

Antibioticele sunt date la stomatolog,

ORL-ist, medicul de familie, pediatru. Dacă are micuțul roșu în gât, medicul nu mai stă la discuții, dând antibiotic (nu pot generaliza, da, din păcate, sunt multe cazuri). Oamenii care au viroză iau antibiotic, total nejustificat. La durerile de dinți, la fel. Ajungem să izolăm bacteriile superrezistente și ne vom trezi în etapa cruntă în care nu vom mai avea cum să omorâm aceste bacterii.

Făcând o extensie de principiu, administrarea de aerosoli este la modă. Se dau micuților în viroze, fiind comod de administrat. Dexametazona este un antiinflamator steroidian, un cortizonic puternic; părinții iau dexametazonă fiole și o pun cu ser fiziologic în nebulizator, pentru a trata răcelile. Puțini știu însă că dexametazona se face intravenos sau intramuscular, neavând indicație de administrare în aerosoli! Iar bombardarea micuților cu cortizonic atrage niște riscuri (infecții fungice sau bacteriene, insomnie, luare în greutate, diabet).

Mulți medici încă tratează valoarea crescută ASLO, când fără simptome nu trebuie dat niciun antibiotic!

Am văzut scheme de tratament cu substanțe care n-aveau ce căuta acolo. Trimetazidina se dă încă total nejustificat, când are niște indicații clare. Derivatele de glucozamine nu și-au dovedit eficiența în refacerea componentelor articulare și nu ar trebui date tuturor pacienților cu artroze. Acizii omega par a nu avea efect benefic pe optimizarea nivelurilor de colesterol. Mulți medici dau antibiotice nejustificat, să fie acolo.

Sunt pacienți care au tensiunea arterială 135/80 mmHg și mulți medici dau direct antihipertensive, când ar trebui să monitorizeze pacientul, să recomande scăderea consumului de sare și modificări în anumite capitole ale vieții, să privească problema din mai multe unghiuri.

Sunt medici care la un colesterol mai mare dau direct statină, când nu există alți factori de risc (fumat, hipertensiune, obezitate, diabet) sau depuneri pe carotide și ar putea foarte bine să pună pacientul într-un program mai ales dietetic, apoi să-l monitorizeze constant. Comoditate? Lipsă de interes pentru binele pacientului? Nu reușesc să înțeleg raționamentele unora.

Conceptul de overmedication este real. L-am văzut pretutindeni în jurul meu. Cred că ar trebui să fim mult mai prudenți, ca oameni care iau pastile de la farmacie, suplimente din supermarketuri, cât și (sau poate mai ales) ca medici care se gândesc la o schemă de tratament și trebuie să aibă în vedere binele pacientului.

Pastilele sunt rodul unei medicini fantastice,

cu cercetări ample și avansate, dar trebuie luate cu inteligență, cu indicații precise.

Puțină atenție la paracetamol

Te doare capul, o măsea, o articulație? Iei un paracetamol. Ești răcit, cu nasul înfundat, slăbiciune generală și-un pic de febră? Iei un paracetamol. Acest compus este ieftin și nelipsit din casa oricui, pe lângă aspirină sau ibuprofen.

Și medicii îl iubesc. Îl dăm cu drag în virozele respiratorii, pentru a ameliora simptomele (paracetamolul nu vindecă per se o răceală). Îl dăm ca să scădem o febră înaltă. Îl dăm în lombalgii sau alte patologii articulare, unde este subestimat, din păcate.

Ce e paracetamolul? Se mai numește și acetaminofen, substanță activă ce acționează pe mai multe căi, niciuna pe deplin înțeleasă (în vogă încă stă acțiunea pe substanța P, mediator al durerii). O să spuneți „cum, nu știți ce face pastila asta și totuși ne-o dați?". Ei bine, da. În medicină, multe tratamente au mecanisme de acțiune neînțelese, dar asta nu înseamnă că nu sunt studiate și nu sunt testate. Un exemplu este, la cu totul alt nivel, anestezia generală, unde nu se știe exact modul de acțiune al anumitor agenți. Medicii folosesc paracetamol în pastile, soluții de tip sirop sau pentru perfuzii endovenoase (perfalgan), singur sau în combinații cu efedrină, tramadol, codeină, după caz. O fac știind ce posibile reacții adverse pot apărea.

Și ce reacții adverse pot apărea? Dat de medic în doze optime, paracetamolul este excelent tolerat. Problema apare în altă parte: e ușor de procurat de la orice farmacie și mulți îl iau cu pumnul, uneori în gramaje per preparat deja cam mari. 3 grame pe zi de paracetamol normal, pe o perioadă de câteva zile, nu pun probleme. 3 grame pe zi de paracetamol cu durată lungă de acțiune, pe o perioadă de mai multe zile, pot genera reacții adverse serioase, îndeosebi hepatice. Există cazuri de distrugere a celulelor hepatice până la insuficiență hepatică acută, sângerări, modificări ale elementelor sangvine, care survin după ingestia de paracetamol fără supraveghere.

Posibile reacții adverse ale paracetamolului:

- colorație galbenă piele, sclere (arată afectarea hepatică, cu icter)
- pete roșii sau vineții pe piele (afectare vasculară)
- afte sau ulcere la nivelul gurii
- mâncărime (prurit)
- urină roșie (hematurie)

- greață, vărsături
- diaree, balonizare
- spasme musculare
- insomnie
- urină în cantitate mică (oligurie)
- alergii până la hipersensibilizări de tip anafilaxie

Important. În cazul în care apare letargie, somnolență profundă, apetit abolit, durere severă în etajul abdominal superior, transpirații abundente, prezentați-vă imediat la medic. Sunt semne de intoxicație cu acetaminofen.

E cazul să-l evităm? Nici vorbă. Trebuie să fim numai atenți la gramaj și la formulă, evitând a lua prea mult din preparatele de peste 500 mg sau 1g. Trebuie să apelăm la medic înainte de a face o posibilă greșeală. Trebuie să evităm paracetamolul dacă avem anumite boli de ficat, de sânge, alergii cunoscute, luând doar pastile recomandate de medic. Trebuie să nu combinăm forme diferite de paracetamol, de exemplu, prafuri solubile pentru stări virale cu tablete clasice sau comprimate efervescente, depășind doza fără să ne dăm seama.

Atenție mare la doze, la preparate, la durata de acțiune. Întrebați medicul acolo unde aveți dubii. Puteți muri continuând să luați anumite preparate care sumează treptat concentrația de acetaminofen în sânge.

Nu e cazul să coborâm paracetamolul de pe poziția sa binemeritată printre cele mai bune substanțe analgezice/antipiretice. E cazul să fim vigilenți, inteligenți, bine informați.

STOP uzului nejustificat de antibiotice!

Omenirea este pe cale de a se confrunta cu o problemă uriașă de sănătate și s-ar putea să nu fim în stare să facem absolut nimic. Din cauze multiple, bacteriile devin rezistente la majoritatea antibioticelor. Există deja astfel de bacterii. Poate fi o chestiune de timp până când ele vor deveni ubicuitare, răspândite în spitale, locuințe, spații publice.

Cauza principală a acestei plurirezistențe o reprezintă uzul nejustificat al antibioticelor în rândul populației. În natură, orice vietate se adaptează. Bacteria e o vietate măruntă și dacă ea este în luptă cu niște inamici, încearcă să se protejeze. Își întărește pereții, își schimbă constituenții, își adaugă scuturi noi. Așa apar bacterii care trăiesc bine-mersi în concentrații de mii de ori mai mari ale antibioticelor care în trecut le omorau la concentrații banale. Vor prolifera bacteriile superrezistente tocmai din cauza uzului nejustificat al antibioticelor. România este țara în care în doar câteva decenii multe bacterii nu vor putea fi omorâte cu niciun antibiotic.

Există mulți medici dentiști care la cea mai mică intervenție pe gingie prescriu pacientului antibiotic. Există mulți medici ORL-iști care la orice sângerare din nas prescriu antibiotic. Există mulți medici de familie care dau cu lejeritate antibiotic, să fie acolo. Există mulți pediatri care prescriu copiilor antibiotic la orice roșu în gât sau febră. De cealaltă parte, oamenii sar repede la antibiotic în durerile de dinți, febre din viroze, otite, tuse. Își procură de la farmacie un antibiotic, pe cunoștințe sau presiuni asupra farmaciștilor.

Vina este, bineînțeles, împărțită. Mulți oameni nu au o educație medicală minimală și recurg la mijloace necorespunzătoare sau disproporționate pentru a trata anumite afecțiuni. Mulți medici fac exces de zel. Mulți farmaciști dau încă fără rețetă antibiotice, ca să facă vânzare. Desigur că nu putem aluneca în generalizare, dar se întâmplă des, din păcate. Atenția trebuie să fie în toate cele trei componente: pacienți, medici, farmaciști. Riscăm un dezastru în scurt timp.

Îndemn toate categoriile amintite la prudență maximă și recomandare de antibiotic doar după un consult riguros din partea medicului care are date certe sau suspiciuni puternice de infecție bacteriană. Antibioticul nu are nicio valoare în viroză, pentru că acolo e vorba de infecție virală. Febra apare și-n viroză, la fel și tusea. Antitermicele, antiinflamatoarele și antitusivele sunt absolut suficiente. Otitele necesită consult la ORL și medicul știe când e nevoie de antibiotic. Durerile de dinți sunt ameliorate de antiinflamator sau antialgic, dar necesită vizită la medicul stomatolog, pentru a trata cauza.

17 lucruri pe care trebuie să le știi despre algocalmin

1. Algocalminul este un medicament antialgic (adică împotriva durerii) și antipiretic (sau antitermic, adică împotriva febrei).
2. Substanța activă din algocalmin se numește metamizol. Aparține clasei antialgicelor derivate sulfonice, nu a antiinflamatoarelor nonsteroidiene (AINS), așa cum deseori este greșit catalogat.
3. Nu se cunoaște exact mecanismul de acțiune al algocalminului. Se crede că inhibă prostaglandinele de la nivelul măduvei și creierului, molecule implicate în transmiterea durerii, în inflamație, în febră. Sunt propuse și alte mecanisme pe anumite sisteme complexe, dar lucrurile sunt încă neclare.
4. Algocalminul se poate folosi în dureri medii intense, înainte de intervențiile chirurgicale, în durerea din cancere, în colicile renale, dar și pentru

scăderea febrei, când alți agenți nu au reușit asta (paracetamol, ibuprofen etc.).

5. În țara noastră, algocalminul nu se mai eliberează fără rețetă de la medic.

6. S-au tras semnale de alarmă după ce s-au observat în cazuri limitate agranulocitoza (prăbușirea liniei albe, îndeosebi a neutrofilelor care luptă împotriva infecțiilor) sau anemia aplastică (măduva osoasă este inhibată și nu mai produce elementele seriei roșii, adică eritrocitele, acele celule care transportă oxigenul în corp, pe lângă alte funcții).

7. În comparație cu antiinflamatoarele nonsteroidiene (ibuprofen, naproxen, diclofenac, coxibi), algocalminul afectează mult mai puțin stomacul, rinichii, sistemul cardiovascular.

8. Reacțiile adverse mai frecvente pot fi greața, durerea abdominală, diareea, amețeala, erupțiile cutanate. Agranulocitoza rămâne încă extrem de controversată și dovedită oricum la utilizarea îndelungată, în doze mari.

9. Metamizolul din algocalmin este rudă apropiată cu piramidonul, medicament popular pe vremuri, considerat un fel de panaceu. Piramidonul a fost retras după ce, prin studii multiple, s-a demonstrat că ridică riscul unor tipuri de cancer.

10. Algocalminul are și efect spasmolitic, făcându-l cu atât mai util în colicile renale, când de multe ori durerea este accentuată de spasmele ureterale. Este folosit cu succes și-n durerea cu spasme la nivelul tractului digestiv.

11. Nu se recomandă folosirea algocalminului la gravide, pentru că nu există suficiente date despre profilul de siguranță. Utilizarea este interzisă și-n perioada de lactație, pentru că metamizolul trece ușor în lapte.

12. Țara care a declanșat suspendarea metamizolului din multe regiuni este Suedia, care a raportat cazuri de agranulocitoză de 1 la 1.700, începând cu anul 1996. Alte țări interziseseră metamizolul mai devreme, dar Suedia a stârnit o furtună, chiar dacă numeroși specialiști au considerat rapoartele ca fiind exagerate. Spre exemplu, alte studii au arătat incidențe de 0,7 la 1 milion.

13. În România, algocalminul este folosit sub formă de comprimate sau fiole pentru administrare intramusculară sau intravenoasă, sub atenția medicilor, în spitale, sau la stricta recomandare a medicilor care eliberează rețete.

14. Nu s-au făcut raportări de agranulocitoză provocată de algocalmin în țara noastră.

15. Foarte multe medicamente au risc de anafilaxie (reacție alergică maximală, cu risc mare de deces), iar algocalminul se numără printre ele. Persoanele care au sensibilități cunoscute vor fi prudente la orice medicament.

16. Recomand antialgice sau antitermice cu un profil de siguranță mai bun, iar algocalminul să rămână pentru indicații precise, sub supravegherea medicilor. Pe perioade limitate însă, nu există motive de îngrijorare.

17. Pacienţii care primesc metamizol pe perioade mai lungi trebuie monitorizaţi hematologic, pentru a observa linia granulocitară îndeosebi, dar şi linia eritrocitară.

Algocalminul îşi păstrează utilitatea lui în terapia durerii şi gestionarea febrei, sub supravegherea medicilor, în spital.

Ştiai că?

În 100 de mituri despre sănătate (cu eleganţă şi umor demontate) vei descoperi 100 de mituri surprinzătoare care au legătură cu sănătatea ele. Ele sunt cu umor, sarcasm şi inteligenţă demontate. Vei învăţa multe lucruri noi, dar vei şi râde pe cinste. Recomandăm 2-3 capitole pe zi, să te ţină mai mult.

Găseşti cartea pe www.readersdogood.ro sau www.drvasiradulescu.ro, în secţiunea Shop.

Eu n-aş lăsa ibuprofenul la liber

Ibuprofenul a devenit în timpurile noastre un fel de panaceu, adică medicament bun la toate. Oamenii îl iau pentru durerile de cap, de dinţi, de abdomen, de spate, în febră, în spasme, în orice.

Am întâlnit mulţi oameni care iau ibuprofen preventiv. Îmi spun „ştiu că o să mă doară capul dacă stau în curent, aşa că iau înainte un ibuprofen". Dar dacă nu o să apară durerea? Oricum, curentul ăsta, în sensul celui de aer, e supraestimat şi pare că dă toate bolile din lume, dar oare n-ar putea respectiva persoană să evite cu eleganţă curentul malefic, cefaleea şi implicit bulina de ibuprofen? De ce ne bombardăm cu pastile, când ele ar trebui lăsate pentru condiţii limitate?

Acest medicament este ieftin şi se dă fără reţetă de la medic. Cam orice om are în casă ibuprofen, pe lângă paracetamol şi aspirină. La cea mai mică durere de cap, pastila e sfântă. La cel mai mic disconfort abdominal sau articular, antiinflamatorul devine aliat de nădejde.

Nu se procedează corect, deoarece bombardarea organismului cu ibuprofen atrage nişte riscuri. Orice AINS (antiinflamator nonsteroidian) afectează tractul digestiv, rinichii, inima.

Afectarea stomacului se explică prin iritație directă, dar mai ales prin modularea activității prostaglandinelor, molecule importante în inflamație, transmiterea durerii, inducția febrei, dar și cu rol protector la nivelul stomacului. Inhibarea lor va duce la scăderea protecției mucoasei gastrice, deci fenomene iritative și erozive. Să nu ne mirăm de explozia de gastrite (de vină sunt și alimentația haotică și stresul, dar uzul mare de AINS este o explicație puternică).

Afectarea rinichilor este bine documentată, antiinflamatoarele dezechilibrând mecanisme fine de adaptare vasculară renală, precum și direct nefrocitele, celulele din rinichi. Afectarea sistemului cardiovascular înseamnă creșterea tensiunii arteriale, modificări ale mecanismelor de adaptare de la nivelul vaselor de sânge, creșterea riscului de evenimente coronariene, adică, în genere, infarct.

Pastilele au rolurile lor precise și sunt deosebit de utile, dar în niciun caz nu trebuie să abuzăm de ele, să le luăm în orice, să le luăm cu scop preventiv. S-ar putea ca după niște ani să ne trezim cu probleme serioase în corp și să nu știm de unde ne-am pricopsit cu ele. De asta spun că n-aș lăsa ibuprofenul la liber, ci l-aș impune pe rețetă, iar pe medici i-aș ruga apoi să nu-l recomande pentru orice fleac. Vrem să ne ținem oamenii sănătoși și asta înseamnă să-i protejăm pe termen lung de probleme. Medicii ar trebui, în primul rând, să facă educație medicală și prevenție, abia apoi tratamente propriu-zise.

Puțină atenție la ciprofloxacină

Ciprofloxacina este un antibiotic din clasa fluorochinolonelor. Se eliberează doar cu rețetă medicală, dar, din păcate, nu toată lumea respectă niște principii aici și antibioticul poate ajunge la pacient fără ca medicul să fie inclus în ecuație. Chiar și când este, poate greși chiar el. De multe ori fără să-și dea seama. Ciprofloxacina este recomandată în infecții în sfera ORL, infecții pulmonare, infecții urologice (prostatite) sau urinare, infecții severe care necesită mai multe grupe de antibiotice. Indicațiile ei sunt vaste și nu credem că există femeie care să nu fi primit sau auzit de ciprofloxacină într-o infecție de tract urinar. Din păcate, este exact domeniul unde se fac abuzuri, recomandându-se pe termen nejustificat de lung și-n cure repetate.

O cură de șapte-zece zile de ciprofloxacină într-o infecție urinară simplă (cu un agent larg răspândit, spre exemplu, tulpină comună de E. coli) nu este justificată, pentru că infecția dispare și după trei zile de antibiotic, chiar dat într-o singură priză pe zi. S-a împământenit ideea, falsă, desigur, că antibioticul trebuie luat cel puțin șapte zile pentru a avea efect. În majoritatea ITU (acronim de la infecție de tract urinar) la femeie, o cură de 3-4 zile este absolut suficientă. Abuzul de ciprofloxacină poate atrage consecințe ireversibile. Fluorochinolonele au atenționare de la organizațiile mondiale de reglementare - a nu se recomanda oricum, oriunde, în orice infecție. Toată lumea îndeamnă la prudență, pentru că aceste antibiotice atacă nervii, tecile musculare, tendoanele, putând da dureri, miopatii, neuropatii ireversibile. Sunt pacienți (nu puțini) care au primit și zece cure într-un an pentru diferite infecții și ajung la medic cu dureri articulare și musculare, fără să se deceleze vreo cauză clară. Analizele ies mereu bune, articulațiile nu au inflamație per se. Ancheta bună a medicului decelează uzul exagerat de ciprofloxacină sau altă fluorochinolonă și, din păcate, nu se pot face multe lucruri, în afară de tratament simptomatic cu antialgice, antiinflamatorii, poate fizioterapie.

Pentru infecțiile de tract urinar, antibioticul se va da pe antibiogramă. Când bacteria este sensibilă la mai multe antibiotice, trebuie ales un agent care dă rezultate bune și nu cauzează probleme semnificative. La fel în ORL, pneumologie, nefrologie și orice alt domeniu.

La ce bun să iau pastilele acestea?

Foarte mulți pacienți își întrerup medicațiile - se cheamă lipsă de complianță la tratament și reprezintă o problemă deosebit de importantă.

O fac pentru că se lasă influențați de articole citite prin surse îndoielnice și atunci sunt convinși că acele pastile le distrug organele (a se vedea statinele). O fac pentru că se documentează exhaustiv, citind toate prospectele, conspectând studii și articole vaste, temându-se exagerat de reacțiile adverse posibile. Efectul nocebo este in-versul placebo - de multe ori chiar mintea construiește acele efecte. O fac pentru că nu se simt mai bine de la pastile, de parcă hipotensoarele sau antidiabeticele sunt antidepresive sau antiinflamatoare și ar trebui să genereze o stare plăcută în corp. O fac pentru că sunt prea multe pastile în schemă. O fac pentru că se satură de atâta tratament. O fac pentru că nu mai au bani.

Problema lipsei de complianță la tratament este complexă și generează reacții în lanț. Pacientul cu colesterol 370, diabetic, hipertensiv și fumător, dacă își întrerupe statina, are risc crescut cu 30-40% de a face infarct miocardic acut în perioada următoare. Hipertensivii care își scot pastilele din schemă ajung la UPU cu salturi, în edem pulmonar acut, cu evenimente neurovasculare.

Diabeticii care nu mai iau antidiabetice orale pot intra în comă. Nimeni nu ar trebui să renunțe la vreo pastilă fără consultarea și acordul medicului. Documentarea exagerată poate fi nocivă, pentru că mintea setată pe efectele negative tinde să le atragă. Medicii trebuie să conceapă scheme cât mai eficiente, cu cât mai puține medicamente, la un preț cât mai bun. Afinitățile pentru anumite companii și produse scumpe de dragul unor sponsorizări nu ar trebui să existe în medicină. Informarea în domeniul sănătății trebuie să se facă din surse credibile, ideal din materiale scrise de medici.

Relația cu medicul de familie este crucială, ea putând rezolva sau evita multiple dezechilibre. Relațiile în familie sunt iarăși importante, tinerii trebuind să le pregătească vârstnicilor pastilele, să le facă scheme mari, să îi monitorizeze. Nicio decizie nu se ia din pură inițiativă a pacientului. Consecințele pot fi dramatice. Parteneriatul pacient - familie - medic - surse de informare trebuie să fie puternic, iar complianța la tratament să rămână înaltă. În caz de probleme reale, medicul știe exact cum să procedeze și poate înlocui un agent, trata o reacție adversă, informa suplimentar și liniști pacientul.

Pastilele, în cazul schemelor cronice, se iau,

de regulă, toată viața. Ele devin sinonime cu viața, pentru că fără ele supraviețuirea este imposibilă.

Aveți grijă la combinarea acestor pastile

Medicamentele cer o atenție sporită când vorbim de administrarea lor. Două sau mai multe își pot potența efectele pozitive sau, din contră, pe cele negative. Ne interesează acum a doua parte.

Nu combinați mai multe tipuri de antiinflamatoare nonsteroidiene (ibuprofen, diclofenac, naproxen etc.) pentru că veți crește semnificativ riscul de afectare gastrică, iar a la long pe cele cardiovasculară, renală, cerebrală. Nu este indicat să luați oricum mai multe preparate din aceeași clasă.

Un AINS + anticoagulant oral clasic (acenocumarol și, mai ales, warfarină) vor augmenta afectarea mucoasei digestive.

Ondasentron + tramadol este o combinație care scade eficiența tramadolului. Ondasentron se folosește în gestionarea stărilor de vărsătură sau rău de mișcare, iar tramadolul este un antialgic puternic.

Claritromicina + amlodipina poate duce la

hipotensiune severă și insuficiență renală. Claritromicina este un antibiotic, iar amlodipina este un blocant de canale de calciu cu efect de scădere a tensiunii arteriale.

Trimethoprim/sulfametoxazol + IECA/sartan poate duce la hiperpotasemie. Primul este un agent antibiotic, IECA sunt inhibitori ai enzimei de conversie a angiotensinei (substanțe folosite în hipertensiune), iar sartanii sunt inhibitori ai unor receptori de angiotensină (se utilizează tot în managementul hipertensiunii arteriale).

AINS (antiinflamatoare nonsteroidiene) nu se vor lua dacă există medicamente pentru tensiunea arterială, pentru că le scad eficiența. Levothyroxină + omeprazol înseamnă scăderea absorbției de hormon tiroidian.

Clopidogrel + omeprazol este o combinație care reduce efectul clopidogrelului. Clopidogrelul este un antiagregant plachetar, iar omeprazolul este inhibitor de secreție acidă gastrică.

Un antibiotic de tip fluorochinolonă (ciprofloxacin) și un antiaritmic de tip amiodaronă sunt inhibitori puternici ai unui organit care metabolizează substanțele, astfel că ele pot crește nivelurile serice ale altor medicamente, de exemplu, acenocumarol (pot apărea creșteri importante de INR). Medicii ştiu asta şi vor face ajustările de rigoare sau vor evita combinaţiile.

Azitromicina + antihistaminic poate duce la modificări importante EKG sau la dureri la nivelul pieptului. Azitromicina este un antibiotic, iar antihistaminicele se folosesc cu precădere în alergii.

Multe antibiotice reduc eficienţa contraceptivelor orale. Combinarea lor cere protecţie suplimentară.

Loperamid + suplimente de calciu înseamnă potenţare cu trecere în constipaţie severă.

Nu luaţi suplimente de vitamine sau minerale pe lângă o schemă cronică, pentru că pot apărea interacţiuni multiple.

De asemenea, nu combinaţi:

- anticoagulante clasice sau aspirină cu ginseng
- unele medicamente (metronidazol, antihistaminice, acetaminofen) cu alcool

unele medicamente (acenocumarol, statine) cu suc de grepfrut

Când sunteţi nesiguri de ceva, întrebaţi medicul dumneavoastră.

Medicamente luate cam degeaba

Remarc o tendință de a da din poigner (adică din încheietura mâinii) tot felul de medicamente care nu și-au dovedit eficiența de-a lungul timpului. Voi oferi câteva exemple.

Protectoarele hepatice, așa cum am văzut în capitolul dedicat. La ce bun să îngreunăm sarcina bietului ficat, aruncându-i peste celulele sale un nou preparat pe care trebuie să-l proceseze?

Protectoarele articulare care promit refacerea cartilagiilor și nu livrează rezultate palpabile. Derivații de glucozamină sunt celebri aici și-n societățile mai zdravene la cap au început să nu mai fie decontați, pentru că erau dați degeaba.

Trimetazidina dată oricărui cardiac (sâc, a se vedea capitolul anterior), chiar dacă ea are indicații limitate și eficiență oricum pusă sub semnul întrebării.

Omega-3 a făcut valuri în zona de protecție cardiovasculară și optimizarea nivelurilor serice de colesterol și trigliceride, dar studiile recente nu probează eficiența lui.

Antibioticele în lucrările dentare. Serios, aici

e o mare problemă. Antibioterapia se recomandă la cei care au probleme dentare și imunologice sau cardiace (valve refăcute sau protezate), pentru a evita infecții sistemice. În rest, la persoanele sănătoase, antibioticele nu trebuie luate la orice extracție sau lucrare ușor invazivă.

Inhibitorii pompei de protoni, de tipul omeprazolului, adică acele pastile care reduc aciditatea, sunt de multe ori luați fără o indicație corectă, atrăgând multiple riscuri pe termen lung.

Relaxantele musculare pot atrage reacții adverse severe și n-ar trebui recomandate cu lejeritate la orice problemă reumatologică, mai ales că nu prea și-au dovedit eficiența.

A se corobora cu discuția despre suplimentele alimentare, care legal nu au devoie de studii de eficiență înainte de aprobare, iar pe prospect sunt obligate să declare că nu previn și nu tratează nicio afecțiune. Suplimentele se vor lua doar în carențe clare sau situații speciale identificate de medic.

Vremea răcelilor noastre

Anotimpurile reci ne fac cadou și intercurențele respiratorii. Apar valuri de virusuri, unele banale, altele răspunzătoare de gripe. Coborârea temperaturii poate însemna teren propice pentru cantonarea acestor entități în arborele nostru respirator, cauzându-ne simptomele deja clasice, de la rinoree până la tuse. Dincolo de temperatură, mai important este contactul cu alte persoane afectate, mai ales în medii închise, cu aer mai cald.

Ce ar fi util să știm aici? Cum să prevenim, dacă e posibil, o viroză? Cum să ne tratăm eficient? O vom lua pe rând. O viroză înseamnă infecție dată de un virus, iar cele respiratorii sunt multe, mereu apărând noi tulpini. Gripa poate fi inclusă tot în categoria virozelor, pentru că agentul etiologic este un virus gripal. Virozele nu au bacterii la bază, dar, în anumite condiții, o infecție bacteriană este posibilă peste una virală, pentru că acea virală poate slăbi imunitatea locală sau generală, facilitând suprainfecțiile.

Ca să prevenim o viroză, este bine să ținem cont de protecția corpului în mediul înconjurător, de propria imunitate, de contactul cu celelalte persoane. Schimbările de temperatură cer haine potrivite. Imunitatea se păstrează prin alimentație echilibrată, exercițiu fizic regulat, somn bun, psihic armonios, expunere la soare, hidratare eficientă. Nu o putem îmbunătăți cu suplimente promovate peste tot, pentru că ea reprezintă un cumul de procese complexe care sunt mai degrabă o oglindă a principiilor noastre de viață și a grijei pe care ne-o acordăm. Spălatul pe mâini este deosebit de important. Evitarea statului într-o încăpere închisă, alături de persoane răcite, va conta enorm.

Dacă totuși suntem prinși de simptome, o gestionare cu prudență și logică se impune. Orice viroză banală poate da febră, iar febra nu e motiv de antibiotic. Antibioticul are zero efect în viroze, iar daunele sale pot fi teribile, pentru că determină anumite bacterii să se apere, să se adapteze, să devină imune la o substanță care în mod normal le-ar omorî. Într-o viroză, hidratarea, repausul, somnul bun, alimentația cu multe vitamine, combaterea simptomelor supărătoare sunt măsurile principale de luat. Se poate administra paracetamol simplu de 500 mg de două-trei ori pe zi, câteva zile. Se poate lua un antitusiv, pastilă sau sirop. Se poate lua, cu prudență, un antiinflamator (persoanele peste 70 de ani, cele cu afecțiuni cardiovasculare ar trebui să evite antiinflamatoarele nonsteroidiene, chiar și banalul ibuprofen). Simptomele sunt oricum limitate în timp.

Febra mare, durerile musculare, astenia

marcată, expectorațiile semnificative, simptomele care debutează brusc sunt sugestive pentru o gripă, iar aici, mai ales categoriile sensibile (copii mici sau vârstnici) trebuie să se prezinte la medic. Pentru virusurile gripale comune există și vaccin, iar oportunitatea administrării lui se va discuta cu medicul de familie.

O stare generală alterată, febra înaltă, un junghi toracic, tusea cu expectorație mucopurulentă, cu evoluție care se agravează, cere prezentare la medic, pentru că poate fi vorba despre un sindrom pneumonic. Abordarea cu antibiotic se va face doar la indicația medicului, care ideal va face și o imagistică simplă toracocordpulmon și va stabili dacă este necesară internarea sau se poate da un tratament la domiciliu.

Putem experimenta cu toții intercurențe respiratorii pe care însă le vom gestiona cu prudență, răbdare și educație medicală eficientă.

15 lucruri de ținut minte despre febră

1. Febra este un semnal important că se întâmplă ceva rău în organism, de regulă fiind vorba despre o infecție.
2. Și infecțiile virale pot da febră. În răceli, o tem-

peratură a corpului de peste 37 grade C nu este motiv pentru a recurge la antibiotic, el neavând nicio valoare în viroză.

3. Alte afecțiuni care dau febră sunt bolile inflamatorii, cum ar fi poliartrita reumatoidă sau anumite tipuri de cancere.

4. Temperatura normală a corpului variază între 36,1 și 37,2 grade Celsius. Febra este considerată la valorile peste cea superioară. Primul grad peste 37,2 mai este denumit stare subfebrilă.

5. Hipotalamusul este o porțiune veche a creierului care controlează temperatura corpului. Uneori, el o fixează la o valoare mai înaltă, spre exemplu, pentru a lupta mai bine împotriva unei infecții.

6. Frisoanele apar tocmai pentru că organismul trebuie să producă acea diferență în plus până la valoarea fixată de către hipotalamus. În contracțiile musculare rezultă căldură.

7. O febră poate fi lăsată în pace, fără a se lua măsuri antitermice. Organismul controlează mai bine infecțiile la o temperatură puțin mai înaltă.

8. Se iau măsuri antitermice dacă valoarea temperaturii trece de 39,4 grade C la adult.

9. Prudență la copiii mici. Bebelușul de până la 3 luni trebuie văzut de medic dacă prezintă febră de 38 grade Celsius și are simptome de răceală, varsă, e foarte agitat sau, din contră, letargic. La vârste de peste 3 luni, o temperatură de până la 38,9 grade C necesită un consult, dacă sunt prezente și simptomele amintite mai sus sau dacă temperatura depăşeşte 38,9 grade C, indiferent dacă sunt simptome asociate. Temperatura poate fi luată cu un termometru digital de ureche sau, și mai bine, cu unul intrarectal.

10. Copilul între 6 luni și 5 ani poate face convulsii în caz de febră. Trebuie văzut de medic. În primele 12 luni de la episodul convulsiv mai poate apărea cel puțin unul.

11. Măsurile antitermice înseamnă paracetamol, un antiinflamator (spre exemplu, ibuprofen), un derivat de metamizol (algocalmin), o împachetare rece, o aplicare de prosop ud sau pungă cu gheață pe frunte ori alte zone ale corpului. Împachetările reci se vor evita la bebeluși și copii (se pot folosi prosoape îmbibate cu apă la temperatura camerei, pentru un schimb termic mai blând), putând fi aplicate fără probleme la adulți.

12. Antibioticul va participa la scăderea febrei în infecțiile bacteriene, când infecția începe să fie controlată și ameliorată.

13. Gripa dă, de regulă, febră înaltă, instalată brusc, cu alte simptome precum frisoane, fatigabilitate marcată, dureri musculare intense. Prudență în gripă la copiii mici, vârstnici, persoanele cu boli de inimă sau plămâni, cu boli de imunitate.

14. Nu administrați aspirină la copii! Puteți folosi paracetamol sau ibuprofen, nu ambele în același timp, ci trecând de pe unul pe altul în caz că răspunsul la medicament nu este potrivit. Aspirina sau derivații salicilici pot da fenomen Reye cu po-

tențial fatal la copii.
15. Mergeți la medic dacă febra nu răspunde la măsurile antitermice clasice. Mergeți imediat la medic la valori de peste 40 de grade Celsius, pentru că pot leza ireversibil unele organe, îndeosebi creierul.

9 greșeli în gripă

1. *Gripa e o răceală banală și copilul nu pățește nimic.* Infecțiile cu virusurile gripale au desfășurări diferite în funcție de organismele în care ajung să-și facă de cap. Copiii mici sunt de multe ori nepregătiți din punct de vedere imun și pot trece ușor de la gripă la pneumonie supraadăugată și stare de sepsis, cu evoluție severă și pericol de deces.
2. *Bunicul are gripă, dar lasă că se face bine, e doar răcit.* Cu vârstele înaintate și la existența unor boli pulmonare, cardiace, renale etc., evoluția gripei poate fi imprevizibilă. Astfel de persoane au nevoie de vaccin antigripal, iar dacă vaccinul nu a fost făcut, la primele simptome de gripă, consultul medical se impune imediat.
3. *Iau antibiotic ca să nu fac gripă.* Administrarea de antibiotic poate să accelereze selectarea tulpinilor multirezistente de bacterii, să dea reacții adverse di-

gestive, dar sigur nu va păzi pe nimeni de gripă. Un mijloc de prevenţie este vaccinul, care se face înainte de sezonul rece, chiar şi la persoanele sănătoase şi imunocompetente.

4. *Nu iau paracetamol pentru că am citit că face mult rău.* Medicamentele care ameliorează simptomele asociate (febră, tuse, cefalee) au fost amplu studiate şi sunt bine tolerate dacă se iau conform recomandărilor. Paracetamolul nu distruge ficatul la dozele terapeutice şi poate fi luat ca agent antitermic, antalgic. Nu există niciun paracetamol care să conţină virusuri sau alte adaosuri nocive, acestea sunt poveşti care circulă pe internet.

5. *Am febră şi tuşesc, trebuie să iau măcar amoxicilină.* Antibioticul nu are nicio valoare nici după instalarea gripei. Vorbim despre o infecţie cu virusuri, nu cu bacterii. La antibioterapie se va recurge doar dacă medicul constată suprainfecţia bacteriană.

6. *O să evit contactul cu cei care sunt bolnavi şi sigur nu fac gripă.* Evitarea contactului cu oamenii nu reprezintă o metodă profilactică perfectă. Există purtători de virus gripal care pot transmite virusul fără să aibă vreun simptom de boală. Nu vom putea evita pe toată lumea, evident.

7. *Am gripă, dar intru la tata în spital, că vreau neapărat să-l văd.* Cine are gripă ar trebui să evite contactul cu alte persoane, mai ales cu cele internate, care poate au imunitatea scăzută. O gripă acolo poate fi fatală.

8. *Nu mă vaccinez, că sunt sănătos şi oricum vacci-*

nurile provoacă autism. Vaccinarea este recomandată și persoanelor sănătoase și nu, nu există niciun studiu serios care să arate vreo legătură între vaccinuri și autism.

9. *Nu-i fac testul rapid copilului, că nu vreau să arunc banii pe toate prostiile.* Testul rapid poate oferi informații prețioase și, în cazuri precise, poate ghida un tratament eficient, ce poate face diferența între viață și moarte.

15 lucruri de făcut în răceală sau gripă

Lăsând la o parte abordările felurite din rândul populației, trebuie să știți că măsurile cele mai bune într-o răceală sau gripă sunt:

1. Vaccinarea anuală este recomandată pentru a preveni gripa, mai ales în rândul oamenilor cu vârste mici sau înaintate și al celor cu patologii asociate (boli de inimă și plămâni, îndeosebi). Este indicat ca persoanele sănătoase să se vaccineze și ele, ideal în luna noiembrie a fiecărui an.
2. Dacă aveți hipertensiune arterială, mare grijă la antiinflamatoarele nonsteroidiene (ibuprofen, diclofenac, coxibi, naproxen) și la decongestionantele nazale, pentru că acestea cresc tensiunea!
3. Mâncați bine, incluzând multe fructe și legume.

Alimentele naturale bogate în vitamine ajută la recuperarea rapidă.
4. Hidratarea poate fi punctul cel mai important în răceală/ gripă. Consumați ceaiuri și apă, evitând zahărul pe cât posibil. Supele hidratează bine. Supa de găină își explică efectele benefice tocmai prin prisma hidratării.
5. Persoanele care au tratamente cronice își vor continua tratamentul, fiind prudente la pastilele speciale adăugate pentru răceală/gripă. Oprirea medicației pentru inimă, spre exemplu, poate avea consecințe dramatice.
6. Antibioticele nu se vor utiliza, pentru că nu au niciun efect pe virusurile răspunzătoare de răceală/ gripă.
7. Se pot folosi paracetamolul, ibuprofenul sau algocalminul pentru controlul febrei. Nu combinați aceste substanțe după propria inițiativă. La copiii mici, nu dați paracetamol și ibuprofen împreună, ci schimbați de pe unul pe altul dacă un agent nu are efectul așteptat.
8. Tusea este un mecanism de apărare al organismului. Cilii mucoasei respiratorii antrenează mucozitățile și substanțele străine, iar tusea grăbește eliminarea lor. La nevoie, puteți folosi pastile sau siropuri antitusive, fără exces.
9. Atenție mare la combinarea preparatelor. Dacă veți lua paracetamol clasic de 500 mg sub formă de comprimate, nu uitați că paracetamol este și-n prafurile care se dizolvă în apă. În niciun caz să nu

depășiți 3-4 grame pe zi, iar asta timp de câteva zile. Puteți lua câte 500 mg de paracetamol la 4-6 ore.

10. Preparatele homeopate nu au niciun studiu de eficiență și nu recomandăm folosirea lor.

11. Există teste rapide pentru depistarea virusurilor gripale și se recomandă folosirea lor, mai ales la copii.

12. La copii, vârstnici și persoanele cu afecțiuni cunoscute, gripa se va trata cu maximă seriozitate. Poate fi salutară prezentarea la medic. Infecția cu virusul influenza A tip H3N2 a făcut peste 60 de victime în sezonul rece din 2018 numai în SUA.

13. Febra înaltă, frisoanele, fatigabilitatea (slăbiciunea) marcată, durerile musculare intense pledează pentru gripă. Atenție la categoriile de risc. În rest, măsurile amintite (antitermic, alimentele bogate în vitamine, hidratarea), la care adăugăm repausul și izolarea de ceilalți pe cât posibil, sunt suficiente pentru un tratament corect.

14. Puteți folosi un umidificator sau un spray salin pentru mucoasa nazală. Puteți face gargare cu substanțe saline.

15. Evitarea persoanelor răcite este importantă (nu reprezintă o măsură perfectă, pentru că unele persoane pot fi sănătoase, dar purtătoare de virusuri). Spălatul pe mâini joacă și el un rol important în limitarea transmiterii virusurilor.

Cel mai bun antitusiv este...

Tusea reprezintă un mecanism compensator pentru eliminarea unor secreții bronșice în exces. Ea apare în virozele care afectează și căile aeriene inferioare, dar și în bolile pulmonare cronice, cum ar fi BPOC (bronhopneumopatie obstructivă cronică). E deranjantă, pentru că atunci când devine intensă, antrenarea diafragmei și mușchilor parietali poate duce la dureri toracice sau abdominale, reflux acid, alte probleme digestive, dureri de cap. Scopul este angajarea retrogradă a secrețiilor până la nivelul faringelui, de unde pot fi expectorate sau înghițite. Chiar dacă vă pare ciudat sau respingător, să știți că opțiunea firească a organismului este chiar înghițirea. Tusea poate persista și până la câteva săptămâni în răceli, iar în BPOC ea este cvasicontinuă, cu perioade de exacerbare.

Au apărut, evident, tot felul de preparate antitusive, de la pastile la siropuri, cele mai multe fiind din sfera homeopatiei (puțin exagerat, pentru că au concentrații relativ mari de alcool și ies astfel chiar și din zona aceasta, unde știm că diluțiile în raport de 1 la câteva sute de milioane sunt normă). Trebuie să știți că societățile de pneumologie nu prea tolerează antitusivele. Din capul locului, ele trebuie cert evitate în BPOC, pentru că acolo tusea este mecanism de eliminare a secrețiilor abundente, care altfel, rămase pe loc, duc la exacerbare şi chiar la suprainfecţii bacteriene.

Siropurile şi pastilele, în perioadele oricum autolimitate ale virozelor respiratorii simple, nu au neapărat eficienţă şi nu prea se impune folosirea lor, pentru că tusea va trece singură atunci când elementul generator, recte secreţiile mucoase, se vor remite. Altfel, un ceai cu puţină miere poate avea efect calmant uşor, pentru că dopamina secretată de un centru al dulcelui din creier influenţează şi centrul tusei, ele fiind apropiate. Aşa se explică efectul homeopatelor dulci asupra copiilor, pentru că, în esenţă, homeopatele sunt diluţii impresionante, fără molecule cu efect cert.

Pericolul din jurul nostru

Ne-am temut tot timpul de pericolele mari. De lei, tigri, rechini, rinoceri, crocodili, dezastre, meteoriţi. Le-am ignorat pe cele mici, de la ţânţari, melci, muşte, căpuşe până la unele foarte mici - paraziţii, extraordinar de mici - bacteriile sau incredibil de mici - virusurile.

Dacă punem pe talerele unei balanţe răul produs asupra omului de pericolele mari, respectiv cele mici, vom vedea o disproporţie. Moartea dată de insecte, paraziți, bacterii sau virusuri ajunge la zeci, sute de milioane de oameni pe axa timpului. Când nu existau antibioticele, chiar și infecțiile pe care astăzi le considerăm ușoare puteau fi mortale. Epidemiile de infecții virale diverse, în lipsa vaccinurilor, au omorât zeci de milioane de suflete. După calculele pe care le-am făcut ca omenire, e puțin probabil să mai fim aici când un nou meteorit va lovi planeta. Trebuie să privim ceva mai jos, nu sus. Insectele acționează drept vectori principali de transmitere a bolilor parazitare. Țânțarii ne dau malarie, căpușele pot duce la boală Lyme, o muscă poate transmite boala somnului. Lista continuă, mai ales în țările cu probleme economice.

Coborând pe scala mărimii, bacteriile au făcut ravagii și ne pun acum în fața unui viitor sinistru: pentru că ne-am bătut joc de indicațiile corecte și am dat antibiotic în stânga și-n dreapta, bacteriile s-au întărit și încep să nu mai fie omorâte nici chiar de către cele mai puternice și mai noi antibiotice.

S-ar putea să ne trezim cu pneumonii, infecții urinare, infecții respiratorii superioare, toate date de bacterii superrezistente. Nu vom avea cum să le scoatem din corp. Vor disemina, vor da sepsis, vor ucide. Milioane de oameni. Poate toți oamenii.

Dacă facem o proiecție pesimistă, extincția

rasei umane nu va fi dată de pericolele mari, ci de cele mărunte, chiar cele care nu se văd cu ochiul liber. Când privim spre o pată de murdărie, acolo sunt mai multe bacterii decât oameni pe toată planeta. Și grija noastră ar trebui să fie acum spre elementele mărunte, nu spre cele mari. Coborând și mai mult, există virusuri ce momentan nu au o substanță care să le combată eficient. Sau vaccinuri pe măsură. HIV produce încă milioane de victime. Gripa reîncepe să dea decese în număr considerabil, pentru că oamenii nu știu lucruri simple care țin de educația medicală sau pleacă urechea la persoane neavizate care se pronunță pe teme în care nu au competențe.

Să ne spălăm pe mâini oricând e nevoie.
Să stăm în curățenie.
Să nu facem abuz de antibiotice.
Să avem grijă la insecte, mai ales când călătorim.
Să păstrăm relații frumoase cu medicii noștri.
Să ne vaccinăm copiii și pe noi înșine.
Să conștientizăm ce se petrece în jurul nostru.
Să facem educație sexuală optimă, cu accent pe protecție.
Să ne informăm din surse genuine.
Să nu credem toate teoriile șubrede ale celor care promovează pseudoștiința.
Iată numai câteva principii relativ simple pentru a limita pericolul dat de niște piese de puzzle mici, dar cumplite.

Spălatul pe mâini: un gest mărunt cu impact uriaș

Spălatul pe mâini are o importanță aparte în sănătatea individuală și colectivă. Trebuie să facem asta fie că suntem acasă sau la un restaurant, la o petrecere sau în spital, ca pacient sau cadru medical. Spălatul pe mâini cu apă și săpun este suficient pentru acasă, la restaurant sau în toaletele publice. Cum ne spălăm? Umezim bine mâinile cu apă caldă sau rece (acolo unde există, cea caldă e mai bună), oprim apa pentru a nu face risipă, aplicăm săpunul și apoi frecăm eficient mâinile, insistând între degete, precum și la nivelul unghiilor. O spălare optimă înseamnă cel puțin 20 de secunde în care pielea stă în contact cu săpunul. Apoi ne clătim, închidem robinetul și ne uscăm mâinile cu un prosop curat. Gestul se repetă după fiecare contact cu suprafețe murdare sau înainte de o interacțiune directă cu oamenii, înainte de manipularea unor alimente, înainte de folosirea mâinilor la masă, după folosirea toaletelor, după contactul cu animalele, după suflatul nasului și-n oricare context care cere o igienă sporită.

În spitale, lucrurile devin delicate. Știm pacienți care au probleme cu igiena personală și sunt deficitari la acest capitol încă de la internare; aici, medicul sau asistenta ar trebui să atragă atenția cu eleganță și să nu judece pe nimeni - poate acea persoană nu avea baie acasă, poate a venit în grabă, poate avea alte motive. Nu-i nimic, sub cuvântul medicului, cam orice pacient se spală. O face pentru că poate interacționa cu alți pacienți din salon, poate unii mai imunocompromiși, dându-le germeni capabili să-i îmbolnăvească grav. Din lipsa unui gest simplu spălatul pe mâini îndeosebi - apar probleme semnificative, greu de gestionat, care cresc numărul infecțiilor nosocomiale, al deceselor intraspitalicești, al plecărilor din spital cu microbi sau fungi ce îmbolnăvesc familiile etc.

Ce ne facem cu spălatul pe mâini în rândul medicilor? Exceptând chirurgii și ATI-iștii care se spală riguros înainte de orice act intervențional (după acesta, la vizitele ulterioare la salon, ei se omogenizează cu ceilalți medici), medicii consideră că muncesc mult timp și, văzând că nu fac boli în activitatea lor, socotesc că nu e tocmai un gest important pentru ei. Sunt studii în spitale care arată că medicii se spală de puține ori și superficial, în niciun caz după fiecare pacient văzut și atins, așa cum e logic și obligatoriu. Punându-se pe ei în centrul problemei, ignoră situația pacienților. O facem mai ales pentru ei - ei sunt bolnavii - și mai puțin pentru noi (e crucial și pentru noi, dar pacientul e cel cu multiple afecțiuni, deci vulnerabil). Cum facem să îmbunătățim lucrurile? O idee este să amplasăm postere relevante lângă fiecare chiuvetă dedicată și, cu un senzor sau o persoană din domeniul igienei, să monitorizăm numărul de spălări, să vedem rezultatele și să încercăm să le îmbunătățim mereu. O altă idee este să spunem pur și simplu pacienților să se spele; să spunem colegilor medici să se spele, în cel mai respectuos mod cu putință. Ele ar trebui chiar reunite cumva, spre binele tuturor. În SUA, s-a pus la un moment dat una din două imagini deasupra fiecărui robinet: pe una scria „Hand hygiene prevents you from catching diseases", iar pe alta „Hand hygiene prevents patients from catching diseases". Doar incluzând cuvântul „patients" în mesaj a condus la o creștere semnificativă a numărului de spălări în rândul cadrelor medicale, în ton cu ceea ce spuneam mai sus. Așadar, mesaje simple și de efect pot produce schimbări importante, mai ales când orice individ din structura spitalului pricepe că nu e neapărat vorba de el, ci de cei sensibili care trebuie tratați acolo.

Există gesturi mărunte care cântăresc enorm. Spălatul pe mâini este unul dintre ele. În spital, lucrurile capătă o altă valoare și deja discutăm de diferențe între viață și moarte.

Vaccinurile și cancerul

Știm despre vaccinuri că ne permit dezvoltarea unei linii de apărare împotriva unor virusuri. Introducem în corp un component de virus, un virus atenuat sau o rudă de virus, iar organismul își face anticorpi; când ne întâlnim cu agentul patogen, nu mai facem boala. E simplu. Vaccinurile ne apără de poliomielită, gripă, rujeolă, hepatite. Puţini ştiu, din păcate, că un vaccin ne poate apăra și de cancer.

Există o asociere clară între virusul papiloma uman (HPV) şi riscul de cancer de col uterin. Anumite tulpini (spre exemplu, 16, 18, 31, 33, 35, 45, 52 şi 58) au risc crescut (dau până la 70-90% din cancere), altele scăzut, altele incert (nu sunt suficiente date).

Acest virus se transmite preponderent pe cale sexuală. Atât sexul feminin, cât și cel masculin se pot infecta şi mare parte din populaţie este purtătoare nonmanifestă, dar la femei lucrurile capătă o altă valenţă - cancerul de col uterin se întâlneşte des, are mortalitatea ridicată, necesită tratamente complexe, operaţii cu scoaterea uterului, traume.

Cum scădem semnificativ incidenţa acestui cancer? E suficient să ne uităm spre continente îndepărtate. Australia a distribuit fetelor și băieților de 12-13 ani (înainte de începerea vieţii sexuale) vaccinuri anti-HPV. Le-a făcut și celor de până la 18-20 de ani, iar rezultatele au fost de-a dreptul spectaculoase. Rata de infectare cu HPV a scăzut de la aproape 23 de procente la doar 1,1%. Când acest virus nu mai infectează populația și el este răspunzător de cancere, deducem simplu că anularea infecțiilor cu tulpinile acoperite de vaccin poate duce la scăderea drastică a cancerului. Australia este acum pe acest drum, mai ales că și-a dezvoltat și un sistem de screening performant. Iată ce înseamnă un program riguros de vaccinare, gratuit, bine gândit de autorități, cu complianță bună în rândul populației. Cu cât mai mulți oameni sunt vaccinați, cu atât intră în protecție și cei rămași nevaccinați, prin așa-numita imunitate de grup; avantajele sunt enorme. Nu putem să neglijăm faptul că la noi foarte multă lume ignoră beneficiile acestui vaccin, cade în teorii conspiraționiste cu otrăviri cu aluminiu sau mercur, crede că va face autism sau gustă părerile unor persoane incompetente care se pronunță pe subiecte în care nu au absolut nicio expertiză. Nu putem să nu aducem în discuție lipsa unei strategii bune de vaccinare la noi în țară. Pierdem oameni din cauza gripei, rujeolei; nu avem un program coerent de vaccinare pentru nicio afecțiune, nici nu mai aduc vorba de HPV. Și ne mirăm că suntem în poziții fruntașe și la cancerul de col uterin.

Educația sexuală este la pământ. Ne e și rușine să discutăm unele subiecte elementare, de parcă nu e în joc sănătatea acestui popor. Viitorul nostru. Monitorizarea anuală la ginecolog, cu testare Babeş Papanicolau, ar fi trebuit să fie la cote înalte. Nu este. Fetele şi femeile din mediul rural abia au acces la un medic de familie, darmite la un specialist ginecolog. Prevenţie înseamnă educaţie, deschidere, vaccinare, informare din surse sigure. Alţii le împletesc cu succes pe toate, noi ne poticnim în stupiditate şi neputinţă. În timpul acesta, ne mor bunicile, mamele, soţiile, surorile.

Există un vaccin care scade semnificativ riscul de infecţie (cu până la 90%) cu HPV şi apariţie a unui tip groaznic de cancer. Măreţ lucru, nu? Ce facem noi? Îl ignorăm cu eleganţă, pentru că avem mereu dubii în ce susţin medicii, aplecăm urechea la toate sursele îndoielnice sau, ca oficiali, nu suntem în stare să creăm un program riguros de vaccinare şi o campanie eficientă de monitorizare, toate pe banii statului. Adică pe banii noştri.

Toţi părinţii ar trebui să fie de acord cu vaccinarea anti-HPV a copiilor. Toate fetele cu antecedente în familie trebuie vaccinate. Toate femeile trebuie să meargă regulat la medicul ginecolog, mai ales după începerea vieţii sexuale.

E nevoie ca de aer de educaţie sexuală veritabilă. E nevoie ca de aer de informare din surse bune. Putem face lucruri măreţe, cu deschidere, cu ajutorul medicilor buni, cu programe de educaţie, vaccinare, monitorizare. Împreună.

Într-un plămân de fier nu se face curent antivaccinist

Trăim vremuri complicate. Informațiile circulă nestingherite pe internet și uneori, îmbrăcate în povești, ele prind rădăcini în mintea oamenilor, chiar dacă nu sunt adevărate. Despre vaccinuri s-a vorbit intens în ultimele decade și se va vorbi în continuare. Există voci care aduc în prim-plan reacțiile adverse și mereu aprinsa legătură cu autismul, chiar dacă aceasta nu a fost dovedită niciodată. În evoluția omenirii, medicina a însemnat enorm, mai ales în ultimul secol, când s-au făcut progrese fantastice. Dacă la un moment dat vorbeam de 35 de milioane de decese într-o epidemie de gripă (cea spaniolă), acum astfel de fenomene sunt evitate tocmai prin rezultatele muncii unor oameni profesioniști, care își consumă timpul pentru crearea de noi medicamente, vaccinuri, soluții pentru boli grave.

Orice vaccin conține un virus atenuat (modelul era folosit la începuturi și e normal să fie așa, pentru că nu aveau tehnici să izoleze anumite componente virale) sau o parte dintr-un virus, suficientă cât să păcălească organismul uman, să-l facă să creadă că virusul a pătruns în corp; așa se pot forma mecanisme de apărare eficientă, îndeosebi anticorpi. Aceste componente imune rezistă în corp și sunt formate grație vaccinului. În cazul în care virusul obişnuit ajunge în organism, acesta e pregătit şi capabil să aibă un răspuns pe măsură, evitând îmbolnăvirea.

În cazul primelor reacţii la componentele vaccinului, schimbările imunologice pot aduce febră, tahicardie, modificări la locul de puncţie, sindroame pseudogripale, erupţii cutanate etc., dar aceste răspunsuri sunt autolimitate. Studierea atentă a sute de mii de copii nu a găsit nicio relaţie între vaccinare şi autism. Curentul antivaccinare este nociv şi lipsit de fundament. Ca să înţelegem valoarea unui vaccin, vom citi puţin despre destinul dramatic al unui om fabulos. Avocatul Paul Alexander trăieşte de 65 de ani într-un plămân de fier. Se află printre puţinii care mai folosesc acest mecanism fără de care actul respirator cere eforturi uriaşe şi poate fi susţinut doar pentru câteva minute. Menţionăm că virusul poliomielitic poate ataca direct sistemul nervos, producând paralizie. Paralizia muşchilor respiratori şi a diafragmului (muşchi ce separă organele toracice de abdomen) face aproape imposibilă respiraţia, astfel că partea cea mai mare din zi aceşti oameni stau în cilindri metalici, care generează o presiune negativă şi forţează aerul să intre şi să iasă din plămâni. Părinţii din zilele noastre nu pot percepe tragedia, pentru că n-au trăit în acele vremuri, în care oricine se putea îmbolnăvi, neştiind dacă e vorba de o bacterie sau de un virus ce provoacă asemenea efecte distrugătoare.

Lumea era pur și simplu disperată să nu se infecteze și să găsească o soluție eficientă de prevenție, respectiv de tratament. Se închideau teatre, piscine, școli. Apăreau centre cu zeci de plămâni artificiali înghesuiți în câțiva metri pătrați. Se lucra intens în cercetarea bolii, în descoperirea agentului etiologic, pentru a-l înțelege și a putea veni cu o soluție.

În 1952 au fost 21.000 de forme paralizante de poliomielită numai în SUA. Aproximativ 3.000 de oameni au murit în scurt timp, restul necesitând, de regulă, astfel de plămâni de fier. Paul Alexander s-a îmbolnăvit la vârsta de șase ani, iar de atunci și-a petrecut majoritatea vieții în cilindrul care-l ajuta să respire. Are 70 de ani acum, iar între timp a reușit să termine Dreptul, să obțină titlul de doctor și, mai ales, să vadă că alți oameni au fost feriți de mersul pe același drum chinuitor. Asta mulțumită unui domn pe care-l vom cunoaște imediat.

Poliomielita a făcut ravagii în lume. Până să introducă Jonas Salk vaccinul în 1952 (folosit din 1955), virusul polio afecta sute de mii de oameni anual. La mulți copii, afecțiunea dădea paralizie (se foloseau sisteme metalice de susținere a membrelor, diferite cârje, plămâni externi când afectarea mușchilor respiratori era severă) și mortalitatea sau morbiditatea (adică afectarea de sisteme și organe) era la cote înalte. În 1988 a fost primul efort global de a eradica poliomielita, scăzând numărul de cazuri totale la aproximativ 350.000. Treptat, cele mai multe state au eliminat această cruntă afecţiune. Virusologul american Jonas Salk a schimbat evoluţia omenirii. Descendent al unei familii de evrei, Salk a arătat aptitudini deosebite încă de mic, studiind în şcoli cu renume (face programa de patru ani în trei ani, printre altele) şi dorind să urmeze o carieră în avocatură. După îndelungi discuţii cu mama sa, îşi schimbă planul şi se pregăteşte pentru medicină, pe care o studiază în New York. Termină printre primii şi-şi dă seama că nu vrea să trateze un număr limitat de oameni, în clinică, ci poate să influenţeze întreaga omenire, printr-o asiduă muncă de cercetare. Se dedică biochimiei - rupe un an pentru aceasta- şi, mai ales, bacteriologiei, apoi trece la virusuri, unde studiază tulpini de virusuri gripale, virusul poliomielitei, rujeolei şi, mai târziu, virusul imunodeficienţei umane dobândite (HIV).

Jonas Salk s-a trezit în marea criză economică şi mai târziu a avut de suferit din cauza intrării SUA în al Doilea Război Mondial, ambele evenimente influenţând fondurile pentru cercetare. După 1945, reuşeşte să stabilească un laborator decent în Pittsburgh şi începe să amelioreze tulpini ale virusului polio, utilizând mici cantităţi de formol. Face primul vaccin pe care îl testează pe propria persoană, precum şi pe apropiaţi, apoi începe repede un trial pe mai bine de două milioane de voluntari (majoritatea copii). Ulterior, vaccinul său este rafinat, îmbunătățit constant, ducând la eradicarea poliomielitei. Cazurile de tip Paul Alexander sunt o rămășiță a vremurilor trecute și ne pot umple de tristețe. Când ne uităm însă în jurul nostru, nu putem trece cu vederea faptul că tocmai vaccinurile inventate de profesioniști dedicați ca Jonas Salk au făcut posibilă trecerea într-un registru superlimitat (se crede că mai sunt trei exemple în SUA) a acestor cazuri.

Putem privi cu optimism înainte. Recomand relații frumoase cu medicul pediatru sau de familie, în care vaccinarea copiilor să ocupe un loc important. Vaccinarea se va face conform programului de vaccinare, cu un consult riguros înainte, cu o monitorizare atentă și, mai ales, cu informare din surse genuine, adică din mințile extraordinare ale medicilor.

15 lucruri de știut despre HPV, vaccinuri și cancerul de col uterin

Nu foarte mulți oameni știu suficiente date despre virusul papiloma uman (HPV), vaccinurile care pot preveni infecția cu acest virus, precum și evoluția posibilă a infecției cronice către o entitate deosebit de periculoasă, cu mortalitate înaltă, cancerul de col uterin.

Este indicat să punem accent, iar și iar, pe o educație medicală de calitate. Am strâns laolaltă 15 lucruri utile și interesante despre această triadă.

1. Există o asociere clară între virusul papiloma uman (HPV) și riscul de cancer de col uterin. Anumite tulpini (spre exemplu, 16, 18, 31, 33, 35, 45, 52 și 58) au risc crescut (dau până la 70-90% din cancere), altele scăzut, altele incert (nu sunt suficiente date).

2. Acest virus se transmite preponderent pe cale sexuală. Atât sexul feminin, cât și cel masculin se pot infecta și mare parte din populație este purtătoare nonmanifestă, dar la femei lucrurile capătă o altă valență - cancerul de col uterin se întâlnește des, are mortalitatea ridicată, necesită tratamente complexe, operații cu scoaterea uterului, traume.

3. Este deosebit de importantă testarea pentru acest virus a ambelor sexe.

4. Înainte de începerea vieții sexuale, vaccinarea cu un vaccin nonavalent (care să acopere mai multe tulpini, îndeosebi cele cu risc înalt) este cea mai sigură cale de a preveni infecția și implicit de a reduce drastic riscul de cancer de col uterin, dar și apariția altor tipuri de cancere, precum cancerul anal, cancerul vaginal, cancerul vulvar, dar și apariția verucilor genitale.

5. Când acest virus nu mai infectează populația și este răspunzător de cancere, deducem simplu că anularea infecțiilor cu tulpinile acoperite de vaccin poate duce la scăderea drastică a cancerului.

6. Toţi părinţii ar trebui să fie de acord cu vaccinarea anti-HPV a copiilor, conduită făcută cu o informare corectă, cu control medical riguros al copiilor înainte de vaccinare.

7. Nu este obligatoriu ca o persoană infectată să facă neoplasm de col.

8. În cele mai multe cazuri, infecţia cu HPV este asimptomatică, adică nu deranjează cu nimic.

9. Un organism competent imunologic va scăpa singur de virus în aproximativ doi ani de la infectare, în până la 90% din cazuri.

10. Vaccinurile noi au un profil de siguranţă sporit şi acoperă principalele tulpini oncogene.

11. Există un vaccin anti-HPV inclus în Programul Naţional de Vaccinare din ţara noastră şi se adresează fetiţelor cu vârste între 11 şi 14 ani. Se vor face două doze de vaccin.

12. Femeile însărcinate nu vor face vaccinul!

13. Femeile care şi-au început activitatea sexuală pot face vaccinul, dar acoperirea nu mai este atât de mare şi protecţia oferită scade, în funcţie de tulpinile care pot fi deja prezente în organism (vaccinul nu mai are acţiune acolo).

14. Pentru a trena eradicarea infecţiei, ideal ar trebui vaccinaţi şi băieţii. Suplimentar se obţine şi o imunizare de grup, benefică în acest context.

15. Informarea corectă poate salva vieţi. Vă recomand să aveţi relaţii frumoase cu medicii, să întrebaţi acolo unde ceva nu este clar, să consultaţi platforme cu materiale scrise de medici și să vă vaccinați copiii pentru a-i feri de boli crunte.

Unii iubesc vaccinurile. Noi, nu prea.

Legea vaccinării a stat ani la rândul prin sertare, fiind atacată constant de numeroși deputați. De curând, ciuntită, ca să deranjeze cât mai puțin, ea a scos capul din praf și chiar a trecut de prima aprobare din partea Comisiei speciale pentru Sănătate a Camerei Deputaților. A urmat, firește, o explozie. Părinți înfricoșați, antivaxxeri consacrați, juriști, toți au sărit și s-au pus de-a curmezișul, cu argumente care mai de care mai inventive, să nu cumva să primească legea aprobarea finală. În altă ordine de idei, vaccinăm, dar mai timid așa, să nu supărăm anumite categorii care plutesc fie în ignoranță, fie în ticăloșie.

Legea actuală nici măcar nu prevede obligativitatea, dar marota asta e plimbată peste tot acum. Legea prevede trimiterea părinților care refuză vaccinarea la o ședință specială de informare făcută de medici care pot explica ce e vaccinul X, de ce se face, ce previne, ce implică. Adică o contragreutate la informarea absolut aiuritoare de pe grupuri, forumuri, surse dubioase, fix de unde își trag datele anumiți părinți ce cred repede orice gogoașă. Cine refuză aceste sesiuni e pasibil de amendă. Cine participă la informarea competentă și totuși refuză vaccinul, ei bine, nu pățește nimic. Asta e legea acum. Fără obligativitate, cu ceva amenzi, dar cu portițe de scăpare. O lege șubredă, făcută pe compromis, dar totuși un mic pas înainte.

Vaccinurile reprezintă un salt fabulos pentru omenire. Introducerea lor a însemnat eradicarea unor boli cumplite, reducerea spectaculoasă a mortalității infantile, sporirea imunității, chiar reducerea consumului de antibiotice (unele infecții virale duc la suprainfecție bacteriană, cu necesitate de antibiotic, deci lipsa uneia o exclude și pe cealaltă). Totuși, vaccinarea a atras și fake news, conspirații, poziții contra, unele venind chiar din partea unor medici, de unde și debusolarea populației. Ce să crezi când nici medicii nu reușesc să se pună de acord? În cine să mai ai încredere?

Avem o mulțime de medici antivacciniști în România, iar ei nu recomandă din capul locului vaccinurile, ba chiar îi fac în toate felurile pe ceilalți medici, de la naziști la vânduți Big Pharma sau criminali. E o realitate dură care augmentează carențe, cască prăpastii în relația medic - pacient, oricum firavă. De unde a pornit valul antivaxxer?

Istorie. Andrew Wakefield a fost medic gastroenterolog. În 1998 a publicat în The Lancet un studiu restrâns care arăta o relație directă între vaccinul ROR și o formă de autism. Comunitatea medicală a explodat. Numeroase publicații și televiziuni au preluat imediat știrea, răspândind-o în toată lumea. Cercetătorii s-au apucat să verifice cu atenție toate studiile vechi, să facă metaanalize, să deruleze studii noi, să vadă dacă într-adevăr e o relație între ROR și autism, pentru că până atunci nu fusese raportată vreuna, pe sute de mii de copii. Datele nu au adus nimic semnificativ care să întărească spusele lui Wakefield, au început valuri de controverse, schimburi de argumente, poziții oficiale din partea OMS și a celorlalte organizații competente. Dar oamenii de rând deja fuseseră sensibilizați cu această poveste, vaccinarea a scăzut mult, părinții erau terifiați de ideea autismului. Emoția depășea orice informație.

Timpul a zburat, iar în 2004 a apărut rezultatul unei investigații mai lungi din partea lui Brian Deer, jurnalist la The Sunday Times. În articol, Deer demonstrează cum Wakefield a ales cei 12 copii din studiul său ajutat de o casă de avocatură de la care primise chiar bani de mai multe ori, urmând să mai primească. Planul era acesta: demonstrăm cumva o legătură, dăm în judecată producătorii de ROR, luăm o grămadă de bani, tu mai primești alții pe lângă cele 400.000 de lire sterline pe care ți le-am livrat în contul personal și nici nu le-ai declarat, mai vorbim apoi. Cu o zi înainte să apară materialul din The Sunday Times, Richard Horton, editor la

The Lancet, a dat un comunicat prin care anunța retragerea acelei hârtii publicate de Wakefield, pentru că prezenta multe semne de întrebare și mai ales semne de fraudă științifică.

Wakefield a fost dat afară din Registrul Medicilor din Marea Britanie, iar studiile ulterioare nu au găsit nicio relație de cauzalitate între ROR și autism. Răul fusese însă făcut, antivacciniștii apăruseră, din toate păturile sociale. Iar comunitățile lor au înflorit, cu sute de mii de adepți care stau împotriva medicinei adevărate. Toate țările au antivacciniști, în unele fenomenul e mai dezvoltat, în altele mai redus.

Realitate științifică. Un vaccin reprezintă vârful de lance al medicinei, aici existând cele mai multe trepte, protocoale, faze de studiu. Ca să se facă un vaccin, cercetătorii trebuie să izoleze virusul împotriva căruia este destinat vaccinul, să-i studieze componentele, să găsească o parte tipică, să o inactiveze cumva și apoi să o introducă într-un produs capabil, odată ajuns în organism, să genereze un răspuns imun – adică să formeze o linie caracteristică de apărare, cu memorie, care să stea pregătită și să intervină prompt atunci când virusul original pătrunde în corp. Odată linia existentă, potentă, virusul fie nu dă infecția, fie dă una mult mai ușoară, lesne de controlat.

Corelare cu noul coronavirus, SARS-Cov2. Am trecut de la panică, la isterie, apoi acalmie, apoi iar panică. Noul coronavirus ne-a arătat, iar și iar, cum emoția rupe sinapsele și detronează informația factuală. Situația din ultimele săptămâni e cumva rodul a tot ce se întâmplă în ultimii ani: amestec de prostie, conspirații, manipulare crasă, emoții. O panică este necesară, ca o sensiblizare la subiect, dar ea trebuie ancorată în informațiile adevărate și, după caz, adaptată. Nu ne vom speria prea tare dacă vom recunoaște un șarpe și vom ști că el nu este veninos. Ne vom speria imediat dacă nu-l cunoaștem și, automat, proiectăm asupra lui răul maxim. Dacă avem cunoștințe despre el și ne dăm seama că e veninos, știm ce măsuri potrivite să luăm pentru a evita pericolul, ideal; dacă suntem mușcați, știm că trebuie să apelăm rapid la un medic, că fără el riscul de deces este uriaș. Toate aceste exemple pot fi transpuse la educația medicală și putem înlocui șarpele cu un virus.

Ce am văzut în ultima perioadă: virusul a fost făcut în laborator și eliberat pentru a controla populația; vor să facă repede un vaccin și apoi să vaccineze toată omenirea, cu forța; toată agitația e făcută de Big Pharma, să facă bani mulți; grupurile de interese au construit toată povestea, virusul nici nu există. Lista poate continua, iar ea conține părerile multor oameni.

Ne întoarcem iar puţin în timp. E 2008. Ministerul Sănătății vrea să înceapă o campanie masivă de vaccinare anti-HPV. Cumpără câteva sute de mii de doze. Începe programul. Fiasco. Oamenii nu știau ce e acela HPV, unii medici nu recomandau vaccinul, câteva voci antivacciniste au ieșit imediat, susținând că vaccinul distruge viețile fetițelor. Să auzi, ca părinte, că un vaccin îți poate mutila fetița sau chiar o poate ucide – asta generează emoție puternică, informația reală e suprimată, dacă ea există (de multe ori nu există, pentru că stăm cumplit de prost la educația medicală), rezultatul e refuzul vaccinării. Atenție, vorbim de o țară care, potrivit OMS, e pe primul loc în Europa la număr de cazuri de cancer de col uterin, respectiv mortalitate prin acest tip de cancer. Un cancer evitabil prin vaccinare în peste 95% din cazuri. În campania din 2008 au fost aruncate sau trimise înapoi sute de mii de doze, pierdute multe milioane de euro. Rata de vaccinare în primul an de campanie a fost de doar 2.5%.

Revenim cu un exemplu puternic. Am avut ocazia în 2019 să discut cu Dechen Wangmo, Ministrul Sănătății din Bhutan. Caldă, amuzantă, umană, școlită în SUA, tobă de carte. Am vorbit cam o oră despre mai multe chestiuni, dar cel mai mult m-a impresionat un lucru: Bhutanul este pe cale să eradicheze cancerul de col uterin.

Cum s-a întâmplat asta? E relativ simplu.

Oamenii de aici au o campanie de vaccinare eficientă în școli. Vaccinează fetele de 11-12 ani. Au cerut fonduri speciale de curând, începând vaccinarea și la băieți. E scump pentru ei, nu au bugete mari, dar investiția merită. Bunica regelui a zis că femeile din Bhutan merită o viață sănătoasă și frumoasă, iar cancerul de col uterin e o tragedie pentru ele. Când el poate fi prevenit prin vaccinarea anti-HPV, au luat imediat măsurile cele mai bune, prin cooptarea unor profesioniști, atragerea de fonduri speciale, campanii de educare. Vaccinarea e, atenție, destinată tuturor fetelor, mai nou și băieților. Nu faci vaccinul, nu treci mai departe în școală, școală care e gratuită. Fără discuții, fără voci anti orice. Cu rezultate remarcabile.

Punte cu Australia. Bhutanul nu are bani pentru asemenea programe ambițioase. Țara e mică, produce energie electrică, dar nu prea primește banii pe cea exportată, turismul e destul de încorsetat, din rațiuni clare (nu vor turism de masă, pentru că Nepalul a făcut asta și a văzut toate părțile negative pe care le poate aduce). Nu prea sunt bani pentru campanii laborioase, dar pentru asta există fundații și prieteni. Australia în acest caz. Australian Cervical Cancer Foundation a livrat 108.000 doze de vaccin Bhutanului, au suplimentat oficialii din fonduri speciale, au vaccinat întâi fetițele, au trecut apoi la băieți. Rezultatul? Bhutanul aproape a eradicat cancerul de col uterin.

Puntea cu Australia nu e făcută degeaba. De aici este cel care a descoperit vaccinul împotriva virusului papilloma uman și l-a propus pentru prevenția cancerului de col uterin (îndeosebi, dar HPV produce și cancere vulvare, anale, orale). Profesorul Ian Frazer, imunolog de marcă, a fost chiar invitat de familia regală din Bhutan, pentru a arăta populației importanța vaccinului. Ian Frazer a administrat, în 2006, primul vaccin anti-HPV din lume, iar tot în acel an a fost declarat australianul anului. Vorbim de o țară care a investit enorm în medicină și mai ales în prevenție, care e și ea aproape de eradicarea infecției HPV prin programe excelente de vaccinare.

Recent, și NHS, sistemul public de sănătate din Marea Britanie, a anunțat că e pe cale să eradicheze infecția HPV, scăzând drastic riscul de cancer de col uterin. România a reluat, timid, campania. Nivelul de informare e ușor schimbat, populația e mult mai receptivă, dar potrivit unor date recente, doar 5% dintre fete ar putea beneficia de vaccin. Aprovizionarea e greoaie, încă există carențe educaționale, avem prea mulți influenceri negativi care promovează povești false și informează greșit mulți oameni, avem chiar deputați care țin discursuri antivacciniste, chiar medici care se opun vaccinării.

În condițiile expuse, având exemplele țărilor dezvoltate și receptive, o lege a vaccinării șubredă nu va schimba mai nimic. E greu de crezut că un grup de informare, fie el făcut și din medici, va putea convinge oamenii care au adânc înfiletate niște percepții amestecate cu date false și multe emoții. Bhutanul a condiționat școala publică de vaccinare, iar nimeni nu a comentat. Exemplul dat de familia regală, de aducerea lui Ian Frazer, ambele coroborate cu campanii coerente făcute de politicieni responsabili (cei mai mulți sunt școliți în SUA la Harvard, Yale, Stanford) – iată o rețetă de succes. Exemplul cu Australia, unde educația e la cote înalte și prea puțini comentează împotriva medicinei adevărate – iată un alt exemplu de succes.

În România mor zeci de copii din cauza rujeolei. Zeci din cauza gripei. Mor mii de femei anual din cauza cancerului de col uterin. Toate sunt corelate cu vaccinarea, mai precis cu lipsa ei. În aceste condiții, noi suntem exemplul de arătat cu degetul, de râs. Iar de moarte nu se râde. Moartea evitabilă, când se petrece, ar trebui să ne sensibilizeze masiv, să ne trezească cei mai reci fiori, să facem orice ca să ne protejăm copiii, femeile acestei țări.

O țară educată va accepta repede avantajele medicinei moderne. O țară needucată se va isteriza la primele povești false, se va îndrepta spre soluții care par mai facile, dar fără adevăr științific în spate (a se vedea mesajele cu usturoiul care apără de coronavirus), va crede antivaxxerii care își construiesc cu mare atenție pledoariile. Ecuația e mai complicată de atât, pentru că și statul își are vina lui, de la aprovizionare la suportul medicilor de familie și până la campaniile de informare. Toate, amestecate, ne oferă o frescă a unei realități dure: țipăm când auzim de vaccinuri, plutim pe primele locuri în Europa la majoritatea bolilor grave, suntem pe ultimele locuri la screening.

Până când? Nucleul problemei e, în definitiv, reprezentat de prostie împletită cu delăsare și lipsă de informare, oricât de grunjoasă pare exprimarea. Amestecul menține aceste cifre tragice (mor 2000 de femei pe an din cauza cancerului de col uterin, în România). Lipsă de educație, mai ales de educație medicală, deschidere spre mit, mistic, conspirații, șamani, șarlatani. Bașca și medici care diseminează toate aberațiile și întrețin cercuri vicioase. Bașca și politicieni care se opun progreselor. Dezastru.

Educația medicală ar trebui făcută prioritate de țară, urgență absolută. Să ne mai trezim un pic. Că rămânem cu roșu pe toate hărțile posibile, iar roșul pe hărți e de regulă congruent cu moartea.

Cum să ai un somn bun

Somnul este unul dintre cele mai importante ingrediente pentru menținerea stării de sănătate. Mulți pacienți îmi spun că au probleme cu somnul și vor să le dau suplimente sau chiar substanțe active pentru a se putea odihni. Până la suplimente sau medicamente, ar trebui să ne asigurăm că respectăm niște principii relativ simple, dar care cântăresc enorm în ecuația unui somn de calitate și cantitate optime.

Există o fază de inițiere a somnului, care n-ar trebui să dureze mai mult de douăzeci de minute. Creierul trece apoi prin cicluri de somn superficial sau profund, tot organismul reducând intensitatea funcțiilor. După aproximativ opt ore, sub efectul unor substanțe, trezirea se produce și corpul este capabil să-și accelereze metabolismele pentru a deservi toate activitățile necesare, timp de 16 ore. Unde greșim de apar probleme cu inducerea și menținerea somnului? Sunt multe niveluri aparent banale pe care le ignorăm. O vom lua pe rând.

Camera de somn trebuie să conțină un pat confortabil și cât mai puține elemente care pot distrage atenția. Seara, în dormitor trebuie să fie întuneric, fără surse de lumină deranjante, fără ecrane de smartphone sau televizor care să emită lumină și să păcălească creierul, spunându-i că, de fapt, e încă zi și poate n-ar fi cazul să se culce. Ideal, în dormitor nu trebuie să existe televizor. Telefonul poate sta în living sau în bucătărie.

În sezonul rece, nu ar trebui să aranjăm în dormitor o temperatură mai mare de 19 grade Celsius. Reamintesc faptul că funcțiile încetinesc și corpul se simte mai bine când e temperatura ușor mai scăzută. Caloriferul sau alte surse de căldură pot usca aerul, așa că este recomandat fie să așezați recipiente speciale cu apă pe calorifer, fie să achiziționați un umidificator care să scoată vapori de apă în aer și să nu producă mult zgomot.

Cafeaua se va consuma în prima parte a zilei și ideal nu se va trece de câteva cești, pentru că toată cofeina ajunsă în corp poate da insomnie. Alcoolul nu se bea seara, pentru că poate produce deshidratare și dă peste cap activitatea neuronală. Somnul va fi agitat, cu vise urâte, cu treziri pentru a bea apă. Cine consumă puțin vin o poate face la masa de prânz, mai degrabă.

Cina trebuie să fie lejeră. Am citit undeva că la micul dejun mâncăm ca un rege, la prânz ca un prinț, iar seara ca un sărac. Cina se ia cu cel puțin trei ore înainte de culcare. Dacă ea conține fructe, va conduce la fermentație și balonare. Dacă este în cantitate mare, va da disconfort abdominal. Dacă va conține mulți carbohidrați, va duce la kilograme în plus, pentru că organismul nu are ce să facă cu tot ce obține în digestie și va depune produșii în depozite, cel mai des lipidice. Atenție și la lichide - dacă sunt consumate din abundență înainte de culcare, la trecerea în poziția culcat se va accelera perfuzia renală, iar producția de urină va umple vezica rapid, putând duce la trezire pentru micțiune.

O zi plină de activități variate, inclusiv exerciții fizice, va forța organismul să ceară odihnă. Ideal, somnul trebuie programat la aceeași oră în fiecare seară, iar trezirea se va face la fel, la aceeași oră, indiferent de zi. Somnul în plus în weekend nu face bine, ci dă peste cap un program care ar trebui să fie riguros. Chiar dacă într-o seară ne culcăm la o oră mai târzie, trezirea se va face la aceeași oră, urmând să recuperăm imediat în seara următoare, fără nicio problemă.

O ședință de meditație poate ajuta, generând o stare de liniște în corp. Dinamismul din timpul zilei înseamnă și mai puține gânduri. Cei care, totuși, se gândesc mult la ziua de mâine își pot aranja ideile pe un carnețel. Hainele trebuie să fie cât mai lejere, fără să strângă corpul. Fără șosete pe picioare sau alte accesorii care pot obstrua respirația, circulația.

Cine se trezește noaptea nu va recurge la

televizor sau telefon, pentru că un display aprins va da peste cap sistemul ochi - creier, unul foarte important în mecanismul somn - veghe. Creierul va crede că e zi și va forța nota să rămână în stare de veghe. Vom merge în altă cameră, pe vârfuri, să nu deranjăm partenerul, vom apela la o revistă sau carte, într-o lumină de lampă, la intensitate medie spre mică. Cititul provoacă somnolență și apoi putem reveni în dormitor.

Cei care suferă de anumite patologii își vor lua medicația conform schemei. Dacă insomnia apare în context de tulburare depresivă sau alt spectru în aria psihică, se va recurge fără reținere la ajutor specializat. Insomnia poate apărea în contextul altor afecțiuni, așa că atenție la simptome și apelați la medic/UPU în caz de nevoie. Uneori e bine, totuși, să nu vă culcați. Pe o ureche.

O leapșă sănătoasă antifumat

Nu sunt fumător. În copilărie, când aveam meșteri prin curte, mă mai trimiteau să le cumpăr țigări de la magazinul din colțul străzii și veneam cu câteva pachete de Carpați fără filtru. Apoi, tot ei mă puneau să le mai aprind câte o țigaretă și o făceam cu stil, direct de la aragaz, având grijă să nu trag fumul în mine. Am crescut într-o familie în care se fuma „civilizat". Tata era mare fumător, dar o făcea afară, în curte. Niciodată aproape de copii, niciodată la masă, niciodată în casă. Fratele meu mai mare a devenit fumător înrăit în liceu. Dintre Răduleşti, doar ei fumau și cumva îmi părea rău că n-am o familie „curată". De peste 10 ani, ambii s-au lăsat. Mare lucru.

Am trăit în cercuri în care se fuma și, culmea, nu mi-a dat niciodată prin cap să încerc. Mic fiind, mă fascina Nea Tică, cum se punea în şezut la gura sobei și fuma acolo. Vedeam jarul din vârful țigaretei și jarul roșu din sobă; observam degetele îngălbenite și strâmbate ale acestui om care fuma și-și povestea viața în fața unei sobe cu ușa deschisă.

Mai târziu, Nea Nelu era meşterul la care apelam pentru orice prin curte. Fuma și bea de rupea. Avea povești fabuloase și ne plăcea cumva să-l ascultăm. Nelu a murit din cauza unor boli date de combinația celor două vicii, desigur și cancer. A intrat în sicriu fără picioare, pentru că i le tăiaseră medicii înainte. „Io aş vrea să mor cu țigara în gură", ne-a spus într-o seară de primăvară.

La facultate, prin anul trei, mă uitam cu admirație la profesorul Bruckner, cum trăgea din tot felul de țigarete puse în filtre din lemn. Avea și pipă și, dacă intrai în cabinet și-l prindeai cu pipa aprinsă, mirosul acela ți se părea chiar plăcut. Era o iluzie, o mască aproape metafizică pusă peste efectele devastatoare. Profesorul e sănătos tun, e o enciclopedie și o mare valoare a medicinei românești și sper să rămână la fel de sănătos până la 150 de ani. Dar e o excepție, nu o regulă că fumatul nu te poate afecta. În ultimii ani, am aprins niște țigarete și n-am putut să trag fumul în mine. Am vrut să văd „ce pierd". N-am pierdut nimic.

Mă sună tata acum ceva timp: „Îl știi pe vecinul X, 50 de ani, a murit azi, avea cancer pulmonar". Mi-l amintesc pe vecinul X mereu cu țigareta în gură. Am făcut o retrospectivă și m-am speriat de cum au dispărut cei pe care îi știam mari fumători.

Ideea e asta: fumatul îți face praf vasele de sânge, dar înainte de asta îți face praf plămânii și-ți duce sus de tot riscul de a dezvolta cam oricare dintre bolile principale. Mor zeci de mii de oameni în fiecare clipă din cauza fumatului. Dacă ai acest viciu deja, nu e niciodată prea târziu să renunți la el. Sau poți continua, ajungând apoi cu infarct miocardic, accident vascular cerebral, cancer pulmonar, cancer gastric, cancer în sfera ORL, arteriopatie obliterantă și multe altele. Le poți face chiar pe toate, nu numai una dintre ele.

Ca medic, am spus că mi-ar plăcea să existe

prevenție eficientă și nu m-ar deranja să nu mai am pacienți de tratat, ci doar de instruit pe ici și pe colo. La noi, această prevenție nu prea există și cadrul legal e subțirel, tinzând să devină practic inexistent. Societatea Română de Cardiologie, plus cea de Pneumologie și altele câteva s-au luptat pentru susținerea unei puternice legi antifumat în spațiul public. Ce s-a adoptat inițial nu a ținut mult și iată că acum, cu mari șanse, se tot încearcă practic diluarea legii, pierzând tot ce avea ea mai bun. Asta o fac decidenții noștri dragi, cei pe care îi înjurăm și pe care îi tot punem sus.

Fumatul înseamnă moarte. Pozele puse pe pachete sunt ignorate și nimeni nu privește mai departe de ele. Toți spun: Lasă că doar n-o să mi se întâmple mie. La câte am văzut prin viață și mai ales prin spitale, se poate întâmpla oricui, la orice vârstă, într-o derulare rapidă. Oricine poate ajunge ca poza de pe pachetul de tutun. Depinde în special de tine să te ții departe de fumat sau să renunți, pentru tine și pentru cei dragi. Depinde și de oficiali cum reușesc să-i protejeze pe nefumători, să-i țină conștienți pe cei mici și pe adolescenți, să promoveze chiar masiv lăsatul de fumat.

Fumatul este o prostie, un act de sinucidere lentă. Dacă vrei să rămâi fără picioare și să cazi răpus de cancer, ca meșterul Nelu din copilăria mea, continuă. Viața ta e, în special, în mâinile tale. Ți-aș sugera să o prețuiești ceva mai mult.

Un fumat sănătos?

Observ o nebunie cu acele țigarete electronice care sunt promovate prin diverse medii ca o formă (mai) sănătoasă de a fuma. Nu e nimic sănătos acolo. Niciun adolescent nu ar trebui să le încerce, pentru că studiile actuale arată că pasul firesc este spre țigarete normale. Nu e nimic cool din a fuma folosind acele dispozitive. FDA (Food and Drug Administration, autoritatea americană de supraveghere a medicamentelor și alimentelor) a luat chiar decizia de a interzice comercializarea lor către adolescenți, remarcând tocmai progresia către fumatul convențional.

Renunțarea la fumat, din experiențele acumulate de specialiști, e bine să se facă brusc, nu trecând prin pași intermediari, cu reducerea numărului de țigarete, apoi țigară electronică și eventual oprire. Pentru că dependența de nicotină este recunoscută, de multe ori, pe lângă voința proprie, e nevoie și de ajutor psihologic de specialitate. Nu-i nicio rușine să se apeleze la el. Țigareta electronică nu e o metodă sigură de fumat. Sunt o mulțime de studii care arată un impact negativ asupra sănătății. Scoateți-vă din cap ideea asta cu fumat sănătos, că nu există așa ceva. Endorsement-ul aici e strigător la cer și mi-ar plăcea ca persoanele cunoscute să nu mai promoveze aceste dispozitive. OK, e vorba de bani, știm, dar cred că poți îmbrățișa niște principii solide, refuzând banii unei industrii colos. Am văzut chiar vedete care livrează idei magnifice de viață și normalitate, dar sunt sponsorizate de producătorii de țigarete electronice. Foarte trist.

Coada băgată în politică e iarăși strigătoare la cer. Sunt interese majore și politicile de sănătate sunt anihilate de oameni care nu vor schimbări în bine. Vă aduc aminte că fumatul, fie el clasic sau de electronice, crește enorm riscul de cancer pulmonar, cancer gastric, boli cardiovasculare și cerebrale. Avem nevoie de campanii și legi solide, nu de interese obscure.

10 lucruri de care să ții cont pentru o vară sănătoasă

Vara este un anotimp care, din pricina soarelui și a temperaturilor înalte, cere măsuri speciale. Sunt luni de forfotă în temperaturi ridicate, ruperi de apăsarea orașului cu fugi de câteva zile la mare, lucru în atmosfere răcite artificial, concedii prelungite în locuri poate exotice. Nu trebuie niciodată să uităm de propria sănătate și am pregătit o listă cu zece lucruri de care oricine ar trebui să țină cont.

1. Expunerea la soare se va face în primele ore ale dimineții și în ultimele ore al serii. O cremă de protecție solară este recomandată, cu un SPF mai înalt pentru persoanele cu piele sensibilă. Orice aluniță care prezintă asimetrie, excrescențe, colorații atipice, măriri considerabile într-un timp scurt necesită un consult la medicul dermatolog.
2. Hidratarea este extrem de importantă. Nu există o regulă cu o cantitate fixă de apă, pentru că aportul hidric este reglat dinamic de către hipotalamus, dar în sezon estival se va bea de regulă mai multă apă, deoarece pierderile prin transpirație și perspirație sunt mai mari. Trei litri de lichid pe zi reprezintă o medie optimă pentru un adult.
3. Atenție la alcool, pentru că stimulează diureza și promovează deshidratarea. Alcoolul poate fi consumat rațional (20-30 de grame de alcool pe zi), ideal în prima jumătate a zilei, cu o hidratare orală corespunzătoare. Se va bea apă lângă orice băutură alcoolică mai concentrată. Seara se va evita consumul, pentru că tulbură somnul.
4. Fructele asigură energie și hidratare, promovând și o digestie sănătoasă, cu derularea unei cascade de procese naturale. Masticația înseamnă dezvoltarea musculaturii locale, pregătirea sucurilor gastrice, temporizarea actului digestiv. Se pot consuma 750 de grame de fructe în prima parte a zilei. Se va evita

consumul mare de fructe exotice, pentru că, de regulă, sunt pline de zaharuri.

5. O alimentație sănătoasă înseamnă moderație, cu doză potrivită din orice. O friptură va avea dimensiunea unui pod de palmă (inclusiv în grosime) și va ține aproape legume sau o salată de verdețuri. Se pot consuma brânzeturi, pește, carne albă în porții potrivite, de câteva ori pe săptămână. Legumele și verdețurile ar trebui să ocupe cel mai important loc în dietă. Iaurturile dense asigură și hidratare, dar atenție la conținutul de grăsime.

6. Ignorarea capitolului odihnă poate atrage consecințe negative. Somnul este necesar pentru buna funcționare a tuturor liniilor metabolice, care sunt oricum augmentate vara. O rutină în somn, cu aceleași ore de culcat, respectiv de trezit, este recomandată. Temperatura în dormitor va fi în jur de 21-23 de grade Celsius.

7. Exercițiile fizice se vor face în continuare, cu evitarea lor în soarele puternic. Alergarea se poate face dimineața devreme sau seara, pe răcoare. Orice exercițiu va necesita creșterea hidratării orale, pentru că pierderile prin transpirație sunt elevate.

8. Orice persoană cu probleme cardiace își va monitoriza pulsul și tensiunea arterială, își va lua medicația cronică, va consuma sare în cantitate redusă (până la 1,5-2 grame pe zi), va evita expunerea la soare și efortul fizic intens. Orice dezechilibru sesizat impune prezentarea la medicul curant.

9. Trecerea bruscă de la o încăpere cu aer condiționat

la atmosfera exterioară încinsă reprezintă un șoc pentru organism și n-ar trebui să existe diferențe mari. Se va evita poziția directă sub valul de aer generat de aparat.

10. Un duș cu apă a cărei temperatură se scade progresiv are efecte benefice asupra stării generale, fiind tonic, anxiolitic, inhibând și sudorația în exces. Părul va fi spălat cu apă călduță, iar corpul poate fi scăldat în apă cu temperatură mai joasă.

10 lucruri despre astenia de primăvară

1. Astenia de primăvară nu înseamnă anemie, adică o scădere a hemoglobinei din sânge. Termenii nu sunt echivalenți, fiind chiar discrepanți. În mod normal, organismul își păstrează constantă cantitatea de celule roșii și trecerea peste sezonul rece nu o poate perturba dacă există o alimentație corespunzătoare.

2. O anemie poate genera slăbiciune generalizată, caz în care apar și alte simptome: paloare, respirație rapidă, tahicardie. Pierderea de sânge prin nas sau alt sediu, scaunul negru, o boală inflamatorie cronică, o boală autoimună sunt semnale puternice, iar alăturarea cu simptomele de oboseală marcată trebuie să conducă imediat la un consult medical.

3. Astenia de primăvară este o coroborare de factori

și stări. În primul rând, creierul pare acoperit în atmosfera iernii, apăsat, privat de soare și interacțiune amplă cu natura vie. Revenirea cere un anumit timp, mai ales că primul contact cu lumina, temperatura mai mare, presiunea atmosferică schimbată poate crea dezechilibre centrale. Secreția de melatonină este mai scăzută iarna, iar venirea primăverii generează o lipsă de adaptare eficientă a acestei secreții.

4. Principalele simptome sunt lipsa de energie, slăbiciunea bine delimitată sau generalizată, apatia, tulburările de somn și de dispoziție.

5. Astenia de primăvară nu se tratează cu suplimente alimentare. Calciul, magneziul, fierul, zincul, vitaminele luate fără carențe evidente nu vor face minuni în corp.

6. Cea mai bună metodă de a combate astenia este reprezentată de o alimentație diversificată, bogată în legume, verdețuri, fructe, o hidratare orală optimă, exercițiu fizic, expunere la soare, relaxare și interacțiune cu ceilalți oameni. Aceste conduite se păstrează toată viața, nu doar la nevoie.

7. Par mai predispuși la astenie consumatorii de alcool, persoanele cu depresie, sedentarii, persoanele în vârstă. Evitarea alcoolului, controlul depresiei la medicul psihiatru, exercițiul fizic, consultul la un medic geriatru sunt metode eficiente de a limita apariția ușoară a asteniei.

8. A nu se confunda cu stările de astenie propriu-zisă, când există o afectare reală a sistemului nervos ce

controlează musculatura. Astenia de primăvară este mai degrabă o formă autoindusă, psihogenă.
9. Oamenii care experimentează astenia de primăvară nu trebuie să subestimeze sau să mascheze sub ea alte afecțiuni. Depresiile lungi cer investigare atentă și vizite la psiholog/psihiatru. Anumite stări de infecție sau inflamație pot da simptome asemănătoare. Gripa poate genera astenie. Orice afecțiune care-și prelungește simptomele necesită consult la medic.
10. Mai afectate sunt femeile de 30-40 de ani, îndeosebi cele care lucrează la birou sau în instituții, de regulă oricum suprasolicitate. Astenia apare aici și ca un extrasemnal de alarmă că unele lucruri trebuie schimbate în viață.

Doză, doză și iar doză

În segmentele importante ale vieții, doza dintr-un anumit lucru este extrem de importantă. În alimentație, doza e mereu regină când vrem să rămânem în normoponderalitate și să ținem jos riscurile majorității bolilor. Din păcate, moderația mai este îmbrățișată de puțini oameni și tindem să devenim campioni la obezitate, diabet, boli cardiovasculare.

Puțini știu cât de importantă este doza în

compartimentele alopate, complementare, alternative ale medicinei. Spre exemplu, digitala era folosită drept otravă pe vremuri (a se citi romanele scrise de Agatha Christie). Medicina alopată a studiat digitala, a extras digoxina, a făcut studii clinice veritabile și a stabilit o doză clară la care efectele benefice pe inimă apar și se mențin, cu componenta de otravă enudată. Așa se face că-n ultimele decenii am folosit digoxinul cu succes în insuficiența cardiacă, în aritmii. Dacă le dădeam oamenilor să înghită amestecuri mojarate de digitală, îi omoram cu zile. Referitor la pastile, respectarea dozelor atunci când se iau este crucială. Prea mult paracetamol atrage probleme serioase. Prea mult ibuprofen poate da peste cap inima, rinichii, vasele de sânge. Trebuie prudență și uz rațional al medicamentelor luate la liber, precum și respectarea schemelor cronice date de medici, cu monitorizări regulate.

Doza este importantă și la statul pe scaun, fotoliu, canapea, poziții care, odată exagerate, ne dau insuficiențe venoase periferice, hemoroizi, patologii de coloană vertebrală. Totul trebuie compensat cu ridicare, dezmorțire, exerciții. Doza este importantă la statul la televizor, care antrenează minim funcțiile neurale. Plonjarea în cărți, slavă cerului, nu pune probleme la excese. Doza este importantă la utilizarea tabletelor și telefoane-lor de către copiii care, odată atrași de display-urile animate, nu mai vor să iasă afară. Cinste părinților care se impun corect și-și scot copiii din case, pentru a interacționa frumos cu prietenii lor, a-și dezvolta imunitatea, a evolua prin joc, înfruntare de pericole, legătură cu natura. Doza contează enorm în folosirea rețelelor sociale, unde ne-am scindat, suntem plini de ură, comentăm totul cu aciditate, petrecem ore în șir pentru a adula fericirea perpetuă zugrăvită fals de unii oameni.

Moderația în aceste compartimente ar trebui să fie sfântă. Uzul rațional ar fi bine să fie pilon principal al vieții.

Am probleme cu glanda

Sunt multe glande în corp și tiroida își poartă greșit acest sinonim popular limitat, chiar dacă și ea tot o glandă este, chiar una dintre cele mai importante. Acest fluture culcat pe fața anterioară a gâtului se ocupă de reglarea unor linii metabolice, poate da peste cap funcționarea multor organe și necesită o atenție aparte. Trăim într-o zonă cu deficit de iod, chiar dacă sarea a fost îmbogățită, la fel și unele produse de panificație. Avem cazuri multiple de hipotiroidie sau hipertiroidie, fiecare cu particularitățile sale.

De regulă, pacientul cu hipotiroidie este supraponderal, lent, transpirat, ușor confuz. Pacientul hipertiroidian este slab, energic, cu tegumente uscate. Ambele grupe pot face tulburări în metabolismul lipidic, tulburări de ritm cardiac. Dozarea hormonilor tiroidieni (se cheamă T3 și T4, cel mai frecvent se analizează fracțiunile libere, adică free, notate cu f, respectiv fT3 sau fT4), a hormonului principal de reglare (TSH) sau a unor anticorpi care pot ataca structurile tiroidiei este necesară dacă există simptome relevante sau antecedente în familie. În caz de apariție a fibrilației atriale, se vor doza și acești hormoni, pentru că hipertiroidia poate sta la originea fibrilației.

În cazul în care sunt anticorpi specifici, vorbim despre tiroidită autoimună. Această entitate poate fi cu eutiroidism (adică funcție normală), hipo- sau hipertiroidism. Se monitorizează frecvent și se instituie tratamentul indicat, la medicul endocrinolog. Hipotiroidia are nevoie de substituție hormonală, iar hipertiroidia, de o inhibiție. Lăsarea patologiei fără tratament atrage consecințe severe.

Cum poți să previi cancerul

Există sute de tipuri de cancer și, din păcate, în foarte multe cazuri, medicina încă n-a ajuns la nivelul necesar pentru a le trata. Se fac însă progrese formidabile în diagnosticarea precoce, în tratamente noi, în monitorizarea eficientă. Din păcate, mulți nu înțeleg principii relativ simple care contează enorm pe partea de prevenție primară: ce să faci exact pentru a minimaliza riscul de cancer în orice segment al corpului.

Am așezat aici 10 linii generale, pe care vă recomand să le respectați:

1. Alimentație sănătoasă. Asta înseamnă doză potrivită din orice. Nu, frigiderul plin nu e semn de bunăstare. Am explicat anterior cele 25 de sfaturi pentru o alimentație sănătoasă.
2. Evitarea fumatului. Acest viciu crește semnificativ riscul de cancere pulmonare, digestive, în sfera ORL. Orice fumător ar trebui să depună eforturi considerabile pentru a renunța la fumat.
3. Reducerea consumului de alcool. Până la 20-30 de grame de alcool chiar băut zilnic pot avea efecte benefice asupra sistemului cardiovascular, dar depășirea acestei doze este corelată în studii cu creșterea riscului de neoplazii în sfera digestivă, și nu numai. Celor care nu consumă alcool le recomand să-și păstreze acest principiu.
4. Evitarea sedentarismului. Un organism sănătos trebuie să fie dinamic, să urce pe scări, să meargă pe jos, să alerge puțin, să facă lucruri. Nu degeaba am spus că o pereche de adidași e echivalentă cu un

medicament revoluţionar.

5. Screening. Dacă ştiţi că sunt cazuri în familie, veţi face screening, adică vă veţi testa pentru a afla că sunteţi bine. Femeile vor face oricum palpare, ecografie sau mamografie pentru a exclude cancerul de sân; de asemenea, test Babeş-Papanicolau şi tipaj HPV la recomandarea ginecologului.

6. Este dovedit cert că vaccinarea anti-HPV reduce drastic riscul de cancer de col uterin. Nu vă lăsaţi influenţaţi de clipuri şi păreri ale unor oameni care n-au nicio treabă cu medicina şi aruncă afirmaţii oripilante care n-au niciun fundament. Am vorbit despre vaccinurile anti-HPV în paginile anterioare.

7. Aveţi grijă la expunerea la soare. Cancerul de piele este din ce în ce mai frecvent. Vara staţi în primele ore ale dimineţii şi mai spre seară, folosind oricum cremă de protecţie. Orice aluniţă cu formă asimetrică, culori mai multe, excrescenţe dubioase va fi verificată imediat la medicul dermatolog.

8. Staţi la masa corporală optimă. Kilogramele în plus cresc riscul pentru orice boală, inclusiv cancere. Faceţi toate eforturile pentru a respecta ce am scris în lista de sfaturi pentru slăbit.

9. Nu vă expuneţi substanţelor cancerigene. Protejaţi-vă la locul de muncă după normele în vigoare şi nu acceptaţi interacţiunea cu substanţele periculoase.

10. Informaţi-vă din reviste de încredere, citind mereu articole concepute de medici. Daţi mai departe aceste texte, explicaţi-le vârstnicilor, copiilor, părinților, oricui e nevoie. Educația medicală se face greu și, fără sprijinul vostru activ, nu vom vedea schimbări importante.

10 lucruri de știut despre lupus

1. Lupus înseamnă mai multe spectre de afecțiuni și ne vom limita la cel eritematos sistemic. Când vedeți acronimul LES, să știți că asta înseamnă lupus eritematos sistemic.
2. Lupusul mai este denumit și marele imitator, pentru că dă semne și simptome care sunt tipic date de multe alte afecțiuni.
3. În lupus, anumiți anticorpi atacă structurile proprii organismului. Niciun organ sau țesut nu este scutit de un posibil atac.
4. Așadar, lupusul este considerat o afecțiune autoimună, una redutabilă, dintre cele mai severe.
5. O erupție cutanată roșie pe față, gât, torace anterior, o stare subfebrilă persistentă, căderea părului, oboseală cronică, dureri articulare, tulburări de coagulare - toate, îndeosebi la femeie, trebuie să atragă atenția, să fie verificate cu grijă și să se excludă LES.
6. În lupus, un pacient poate trăi fără manifestări evidente, dar poate suferi un puseu al bolii, cu manifestări renale, hematologice, pulmonare, cardiace, articulare, cerebrale.

7. Tratamentele sunt destul de limitate. La nevoie, se fac imunosupresii, adică se inhibă anumite componente ale sistemului imun, tocmai pentru ca acei anticorpi să lezeze cât mai puțin organele și țesuturile.
8. La simptome articulare (tumefacții, dureri), renale (dureri, urină puțină, edeme periferice), pulmonare (simptome de pneumonie), cerebrale (dureri, confuzie, amețeli), pacientul cu lupus se va prezenta imediat la medic.
9. Lupusul nu se vindecă. El are perioade de așa-zisă remisie, respectiv perioade de cădere, cu pusee care pot fi grave.
10. Educația este extrem de importantă pentru pacientul cu lupus. Relația cu medicul reumatolog va dicta o evoluție acceptabilă, dar nimeni nu garantează controlul acelor pusee. La simptomele amintite, prezentarea la medic poate avea caracter salutar.

Alergiile: de la mâncărime, bubițe, umflături și până la moarte

Orice substanță străină corpului uman poate fi capabilă de a genera o reacție alergică, de la o simplă erupție cutanată, strănuturi, prurit (senzație de mâncărime a pielii) până la una maximală, cu șoc anafilactic. E cazul să vorbim puțin despre alergii. Alergenii pot fi găsiți în mediu, și aici ne referim la polen, noxe, sporii unor plante, substanțe chimice din aerul atmosferic. Există alergeni în locuință, cei mai frecvenți fiind acarienii ancorați în saltele și așternuturi, în firele de praf sau pe suprafețe.

Medicamentele pot genera reacții alergice, fie direct prin substanțele active, fie prin excipienți. Există oameni cu teren plurialergic, care nu tolerează aspirina, antiinflamatoarele, antibioticele. Sunt citate și cazuri de persoane care fac alergie la cortizon, considerat antidotul suprem tocmai în alergiile mai severe.

Cele mai multe alergii sunt la alimente și aici e dificil de identificat întregul panel de elemente care pot da o alergie. Sunt multe teste disponibile, din păcate fiind scumpe și nu foarte relevante în ecuația managementului acestor tipuri de afecțiuni. Amintim alergiile la nuci, alune, zmeură, căpșune, fructe de mare, fructe exotice, pește.

Atopia înseamnă teren (de regulă genetic) care predispune la alergii. Pacienții cu atopii au risc mai mare de a face astm bronșic, unde componenta alergică este cunoscută și studiată. În caz de manifestări respiratorii (dispnee, respirație șuierătoare), prezentarea la medic este necesară pentru diagnostic și monitorizare. Cea mai bună cale de a evita alergiile este evitarea alergenilor cunoscuți. La nevoie, antihistaminicele pot fi suficiente pentru controlul simptomelor deranjante. Tabloul intens necesită vizită promptă la medic. Recomand pacienților cu alergii să evite substanțele ce pun probleme, să aibă mereu în vedere prezentarea la o cameră de gardă atunci când o parte a corpului se umflă sau reacția cutanată este importană, să aibă dispozitiv EpiPen (un stilou ce conține adrenalină și se poate face ușor, spre exemplu, în coapsă) când există istoric de anafilaxie. Pacienții cu mastocitoză (degranulare masivă a mastocitelor, mecanism comun în alergii) trebuie să aibă o grijă aparte la alimente, alergeni de mediu, medicamente.

Trag un semnal de alarmă pentru cei care experimentează edem al unei zone a corpului, cu caracter ciclic și migrator (spre exemplu, se umflă o mână, cu aspect ca de mănușă, o dată la câteva săptămâni, apoi piciorul, cealaltă mână, fața, abdomenul, toate pe rând, niciodată mai multe segmente), cu istoric știut și la membrii familiei. Aici poate fi vorba de angioedem ereditar, care nu răspunde la cortizonic sau adrenalină și necesită o altă atitudine terapeutică (alergologul va testa un inhibitor special al permeabilității vasului de sânge și, la nevoie, va da un medicament special).

Să înțelegem puțin mastocitoza

Această afecțiune rară este caracterizată prin creșterea marcată a nivelurilor de mastocite, dar și prin mutații specifice la nivelul acestor celule importante. Mastocitele mediază legături între anumite componente celulare, ele eliberând histamină. Când este prea multă histamină, anumite procese se exacerbează, ducând la semne și simptome variate. Alergiile apar prin veriga mastocite - eliberare de histamină, de aceea în mastocitoză reacțiile alergice sunt frecvente, de la ușoare până la maximale, cu șoc anafilactic. Alte simptome includ greață, vărsături, balonări, dureri abdominale, dureri musculare, lentoare, amețeli, tahicardie și tabloul e vast, perfid, greu de pus într-un tipar anume.

Reacțiile alergice pot apărea la tot felul de alergeni, de la cei de mediu, alimentari, până la medicamente. Bolnavii cu mastocitoză trebuie să aibă prudență maximă la pastilele luate, să nu încerce ceva nou, să primească un tratament numai sub supravegherea medicului.

Tratamentul implică inhibarea degranulării mastocitare, incluzând antihistaminice (medicamente tipice pentru alergii), blocanți de receptori de histamină (de tip ranitidină, se dă în eroziunile mucoasei gastrice, mai ales), cromoglicat de sodiu (capsule, există şi creme pentru reacţiile pur cutanate).

Mastocitoza este o boală cu multe feţe. Diagnosticarea corectă se face, din păcate, fie târziu, fie greu, iar unii medici tind să ignore această posibilitate. Cum bolnavii fac frecvent atacuri de panică, concentrarea pe acest lucru duce la ignorarea altei posibilităţi, iar cadrele medicale trebuie să fie deosebit de atente, să nu subestimeze tabloul.

Viaţa cu mastocitoză nu e deloc uşoară, dar respectarea unor principii relativ simple, o relaţie frumoasă cu medicii, o informare corectă, un tratament corespunzător sunt măsuri care aduc un echilibru.

10 lucruri despre osteoporoză

1. Osteoporoza înseamnă pierdere marcată a densităţii osoase, proces ce predispune la apariţia fracturilor, chiar la cele mai mici accidentări, uneori spontan. Oasele devin spongioase, sunt mai puţin rezistente şi se pot rupe mai uşor.
2. Mai afectate sunt femeile după menopauză, dar şi

bărbaţii pot suferi de osteoporoză.

3. O viaţă bazată pe principii sănătoase, cu alimentaţie echilibrată şi mişcare, poate întârzia şi limita semnificativ acest proces. Exerciţiile fizice regulate aduc beneficii imense în păstrarea integrităţii osoase.

4. Relaţia cu medicul este deosebit de importantă. Pe baza unor analize şi investigaţii, diagnosticul de osteoporoză va necesita anumite conduite clare.

5. Osteodensitometria (DXA) testează densitatea osoasă la anumite niveluri, cele mai frecvente, capul femurului şi corpii vertebrali. Este o investigaţie de mare utilitate şi ar trebui făcută de toate femeile aflate la menopauză.

6. Determinarea de analize poate arăta patologii în metabolizarea calciului, niveluri reduse de vitamina D, niveluri anormale ale anumitor hormoni cu funcţii importante în menţinerea sănătăţii osului.

7. Calciul şi vitamina D se pot suplimenta cu uşurinţă când există carenţe. De regulă se iau împreună, pentru că se potenţează reciproc. Expunerea la soare este necesară pentru formarea de vitamina D în piele. Lactatele şi brânzeturile sunt necesare pentru un aport suficient de calciu.

8. La nevoie, medicul reumatolog sau endocrinolog poate recomanda tratamente speciale pentru ţinerea calciului în os, inhibarea unor componente care accelerează distrucţia osoasă. Acestea variază în eficienţă, administrare, preţ şi se vor discuta atent cu medicul. Bisfosfonaţii nu se iau în fiecare zi, ci,

de regulă, la două săptămâni, cu apă, stând în picioare aproximativ jumătate de oră. Tratamentul va fi monitorizat atent.

9. Uneori pot apărea fracturi severe, chiar prăbușiri de corpi vertebrali. Prăbușirile sunt dezastruoase și necesită reconstrucții ample. Depistarea la timp a osteoporozei și atitudinile potrivite sunt extrem de importante.

10. O monitorizare din timp, cu o relație frumoasă cu medicul, cu o viață bazată pe moderație în fiecare segment, cu luarea corectă a tratamentului indicat la nevoie, cu monitorizarea constantă a medicației și a stării osoase, constituie principii pe care oricine trebuie să le îmbrățișeze.

Îmi cade părul

1. Ambele sexe pot experimenta căderea părului, principala cauză crezându-se a fi acțiunea unui hormon derivat de testosteron la nivelul foliculului pilos.

2. Este mai frecventă la bărbați, care suferă de calviție temporală și la nivelul vertexului (vârful capului), progresivă, de regulă ireversibilă.

3. Componenta genetică este extrem de importantă: alopecia se transmite îndeosebi pe linie paternă.

4. Părul care cade rapid are, de regulă, cauze

hormonale, de stres, iatrogene (spre exemplu, chimioterapia). Părul care cade în timp îndelungat are o cauză genetică.

5. Nu există niciun supliment care să stopeze căderea părului sau să determine apariția firelor noi. Cele mai multe tratamente promovate peste tot, vitaminele, mineralele de administrat pe cale orală nu au niciun efect demonstrat. Fără o carență certă documentată de medic, suplimentele nu au nicio valoare.

6. O alimentație echilibrată, cu odihnă, hidratare orală, exerciții fizice regulate, contează în menținerea unei stări de sănătate generale, implicit la nivelul părului.

7. Situațiile deosebit de stresante pot declanșa alopecii de traumă, aerate (goluri), chiar totale.

8. Singurele tratamente eficiente sunt minoxidilul, blocanții de 5-alfa-reductază, unele raze laser speciale.

9. Pieptenele cu laser are aprobare FDA și ar trebui folosit zilnic sau o dată la două zile, în ședințe de 15 minute, pe toată suprafața scalpului. Rezultatele pot varia și nu reprezintă o terapie foarte eficientă.

10. Blocanții de 5-alfa-reductază au fost inventați pentru tratarea hiperplaziei de prostată; s-a observat că au efect pozitiv pe stoparea căderii părului și regenerarea foliculilor, dar au și reacții adverse considerabile (depresii, insomnii, libido atenuat).

11. Minoxidilul este cel mai răspândit tratament. Se administrează topic, dimineața și seara. Rezultatele

se văd în câteva luni, mai ales în alopecia genetică. Oprirea tratamentului duce la pierderea întregului progres, deci, odată început, el va fi continuat toată viața.

12. Soluția topică de minoxidil va fi de 2% pentru femei, respectiv 5% pentru bărbați.

13. Reacțiile adverse la minoxidil includ mătreață, roșeață locală, cefalee, scăderea tensiunii arteriale (minoxidilul este un vasodilatator), palpitații, greutate în respirație, amețeală, hipertricoză (adică păr crescut în alte zone ale corpului). Unele pot fi frecvente. Tratamentul va fi oprit la apariția lor.

14. Șampoanele care promit minuni nu fac minuni, pentru că acționează puțin pe scalp.

15. Singurul șampon cu efecte benefice poate fi cel cu ketoconazol; din păcate, șampoanele au fost retrase din cauza unor cazuri (foarte rare) de insuficiență hepatică fulminantă.

16. Spălarea scalpului cu gaz sau cu alte soluții nu are efecte notabile. Aplicarea de ceapă, ou sau alte ingrediente nu are niciun fundament științific.

17. Raderea scalpului nu stopează căderea părului, nu promovează creșterea mai multor fire de păr, nu îngroașă firul de păr.

18. Transplantul de păr reprezintă o soluție la modă și presupune extragerea unor foliculi din zonele laterale sau posterioară ale scalpului și, ulterior, implantarea lor în zonele frontale și în vertex. Este puțin traumatic, rezistent în timp, dar, din păcate, depinde de părul restant și prețurile nu sunt chiar la îndemâna oricui.

19. Orice afecțiune hormonală, psihologică, dermatologică sau de organ va fi tratată prompt la medicul specialist. Căderea părului poate fi secundară acestor afecțiuni.

20. Informarea corectă vă scutește de bani mulți aruncați pe tratamente naturiste, homeopate sau fanteziste care n-au cum să funcționeze.

Lucruri greșite și principii corecte în artroză

Vine o doamnă în gardă, cu dureri intense de genunchi. Constat repede că e vârstnică și suferă de artroze peste artroze, cu dureri accentuate de vremea urâtă, cu mers dificil, cu multă suferință. O întreb ce pastile a luat pentru durere. La cei 81 de ani, scoate dintr-o sacoșă o pungă de plastic înnodată, o deschide și varsă pe pat un maldăr de medicamente: patru clase de antiinflamatoare nonsteroidiene, combinații de paracetamol, tramadol, algocalmin, unguente, suplimente. Lua din toate, fără nicio noimă, doar să scape de chin. M-am întristat. De ce? Pentru că medicamentele luate haotic fac mai mult rău decât bine. Pentru că nu avea nimeni din familie grijă cum trebuie de dumneaei. Pentru că o vizită la medicul de familie sau la reumatolog ar fi rezolvat multe.

Acum, artroza e o patologie întâlnită atât de des, încât merită o discuție specială. Cartilajele se distrug prin pierderea unor substanțe constituente, prin malpoziția articulației, prin solicitare anormală. Apar durere, inflamație locală, impotență funcțională, distrucție progresivă până la anchiloză, cu necesitate de protezare. Avem părinți sau bunici care ajung la proteze de genunchi, șold, cot, tocmai pentru că articulația naturală e distrusă. Cum procedăm să nu ajungem la cazuri severe sau să încetinim pe cât posibil evoluția nefavorabilă?

În primul rând, scăderea masei corporale e crucială. E cel mai important lucru care se poate face în toate artrozele. Un pacient obez se va plânge de dureri și va consuma pastile cu pumnul, intrând în alte cercuri vicioase. Se va plânge de dureri în extremitatea inferioară, unde solicitarea e mai mare.

Apoi, trebuie să știți că regenerarea cartilajului e discutabilă. Există preparate care se dau timp îndelungat, dar rezultatele sunt de pus sub semnul întrebării. Unele țări au ajuns să le declare oficial ineficiente, să nu le mai deconteze. Vorbesc aici îndeosebi de glucozamine.

Infiltrațiile cu diverse substanțe în articulații pot aduce beneficii, dar făcute necorespunzător, pot genera artrite septice (în caz că anumiți germeni sunt inserați în spațiul articular prin manevră făcută în condiții necorespunzătoare) sau, dacă se face exces de cortizonice (celebrul diprophos), se poate accelera procesul de distrucție articulară. Lăsați medicul reumatolog să indice și să facă infiltrațiile.

Simptomele și semnele (mai ales durerea și inflamația) se pot șterge cu antalgice sau antiinflamatoare. O persoană de peste 70 de ani nu se va atinge de antiinflamatoare nonsteroidiene decât cu indicația medicului (alegeri limitate, naproxenul pare sigur pe durate mai mici) și va lua paracetamol clasic, eventual tramadol, fără abuz. Atenție mare la paracetamolul cu durată lungă de acțiune, pot apărea complicații serioase dacă se ia în doze mari. 500 mg paracetamol clasic la 4-6 ore sunt tolerate bine, pentru durerile ușoare/medii. 50 mg tramadol la 8 sau 12 ore pot fi date fără probleme, dar tramadolul se tatonează și doza se crește dacă este suportat, pentru că are efecte adverse nu tocmai de neglijat. Există și combinații 37,5/325 mg tramadol/paracetamol, care se pot lua de două-trei ori pe zi, la durere severă. Se pot folosi unguente chiar cu AINS de tip creme cu diclofenac (un exemplu, sunt multe pe piață) pentru articulațiile superficiale (genunchi, mâini). Se pot folosi anumiți plasturi cu capsaicină (rezultate discutabile și aici).

Persoanele sub 70 de ani vor lua AINS cu prudență, cu protecție gastrică. Aceia cu probleme cardiace, renale, digestive vor avea indicații speciale, indiferent de vârstă. Ideea de bază este evitarea AINS la vârstnici, la peste 70 de ani.

Optimizarea masei corporale va rămâne cea mai bună atitudine. Ea se face mai ales umblând la alimentație, cu echilibru aici, cu doze mici din toate categoriile de produse, evitând zahărul pe cât posibil, grăsimile în exces. Regină este doza.

Un om cu artroze multiple nu va putea face mișcare multă, așa că scăderea corporală din alimentație va fi cheia. Cei care pot merge și se pot mișca binișor vor beneficia de plimbări lungi, bicicletă, înot dacă se poate.

Osteoporoza trebuie avută în vedere. Femeile (mai ales, dar procesul apare și la bărbați) vor face DXA (osteodensitometrie, un test care măsoară densitatea osoasă), vor suplimenta calciul și vitamina D la nevoie, la recomandările medicului reumatolog; se pot da și tratamente diverse, care țin calciul în os. Oasele se slăbesc altfel și apar distrucții serioase, cu fracturi patologice.

Aparținătorii trebuie să cunoască aceste lucruri, să aibă grijă de cei care iau tratamente, să-i supravegheze, să le aranjeze pastilele, să se informeze eficient, să le stea alături şi să-i ajute.

Nerespectarea acestor lucruri aparent simple atrage serioase probleme cardiovasculare, renale, digestive, distrugeri articulare accelerate, imobilizări la pat, fracturi, deplasări dificile cu baston sau suporturi diverse şi multe altele. Medicul de familie trebuie să nu dea rețetă cu AINS (antiinflamatoare nonsteroidiene) la persoanele de peste 70 de ani, sau să o facă cu prudență maximă. Farmaciştii, la fel, pentru că unii mai eliberează fără rețete, pe cunoştințe, pe considerent de milă. Nu e deloc normal.

Aveți părinți şi bunici care se ştiu cu artroze şi se plâng de dureri articulare. Spuneți-le ce medicamente să ia şi mai ales să nu ia. Mergeți la medicul de familie când sunt neclarități. Mergeți cu ei în ambulator, la reumatolog, pentru consult de specialitate. Ajutați-i să slăbească, cu vizite la medicul specialist în diabet/nutriție, eventual la psiholog.

Libertatea de mişcare e una dintre cele mai frumoase libertăți. Şi e păcat când e abolită. Se pot lua măsuri inteligente şi relativ simple, slavă cerului.

9 greşeli în durerea de spate

1. Viciu de poziţie. Cele mai multe dureri la nivelul coloanei cervicale au la bază malpoziţia gâtului şi a capului, cu proiecţie greşită, cu tensiune în corpii vertebrali şi încordare a muşchilor cefei. Se recomandă ca la birou, spatele să stea drept, baza capului să fie aproape perpendiculară pe coloană, iar la fiecare 1-2 ore să se ia o pauză de la privitul în monitor, cu gimnastică uşoară a gâtului.
2. Hidratare ineficientă. Discurile intervertebrale conţin apă şi trebuie să aibă o anumită consistenţă pentru a susţine eficient toate mişcările şi solicitările. Deshidratarea reduce spaţiul intervertebral, apropie corpii vertebrali şi poate genera conflicte nervoase, cu inflamaţie şi durere.
3. Întârzierea prezentării la medic. O durere persistentă de spate necesită consult la medicul reumatolog, care va decide ce fel de afecţiune este, dacă e nevoie de un tratament complex, dacă există necesitatea unui consult neurochirurgical.
4. Prea multe antiinflamatoare. Cei care suferă de durere de spate îşi bombardează organismul cu AINS (antiinflamatoare nonsteroidiene). Uzul mare al acestor medicamente poate duce la afecţiuni ale stomacului, rinichilor, inimii şi vaselor de sânge. Un medicament subestimat în durerea spatelui este paracetamolul, care se poate lua sub forma prepa-

ratului clasic de 500 mg, un comprimat la 5-6 ore, până la remiterea durerii.

5. Dureri mari, suportate ani la rândul. Există mulți oameni care au dureri lombare cumplite, gât înțepenit; cu toate acestea se prezintă după mulți ani la medic. Se dovedește, în multe cazuri, că e vorba de o boală articulară autoimună, care distruge articulatiile sacroiliace (între coloană și bazin) și care, diagnosticată la timp, ar fi putut primi un tratament competent, iar evoluția ar fi fost cu totul alta.

6. Ridicarea de greutăți. Sunt persoane care suprasolicită spatele și ajung în camera de gardă cu dureri cumplite în zona lombară, care coboară pe picioare și dau impotență funcțională marcată. Ajung chiar la hernii și la operații. Spatele trebuie menajat și orice ridicare de greutăți cu flexie anterioară necesită prudență, ajutor, poziție care să protejeze cât mai mult spatele.

7. Statul cu spatele înțepenit în fiecare dimineață. Unii oameni prezintă așa-numita redoare matinală, adică înțepenire a spatelui în zona lombară și/sau cervicală. Au nevoie de 10-20-30 de minute în fiecare dimineață pentru a se dezmorți. Au un motiv puternic de prezentare la medic, pentru că poate fi vorba de o spondilită anchilozantă, o afecțiune inflamatorie cu componentă autoimună. Cu toate acestea, diagnosticul de SA se pune cu o întârziere ce poate merge și până la 6-8 ani!

8. Masă corporală în exces. Toate kilogramele în

exces înseamnă suprasolicitarea aparatului musculoscheletal. Cei cu probleme mecanice (conflicte date de malpoziția sau apropierea corpilor vertebrali) trebuie să slăbească. Poate fi cea mai bună măsură posibilă.

9. Lipsa de prezentare la medic, mai ales după menopauză. Femeile aflate la menopauză fac mai ușor și mai repede osteoporoză, adică pierd din țesutul osos. Ele necesită consult reumatologic, cu efectuarea testului DXA (osteodensitometrie - măsoară densitatea osoasă la anumite niveluri, cel mai frecvent, femur și corpi vertebrali), anumite analize de sânge, radiografii. La nevoie se va da tratament de substituție calciu/vitamina D sau medicamente care țin calciul în os. Apar frecvent fracturi diverse, chiar prăbușiri de corpi vertebrali la persoanele cu osteoporoză avansată.

Știai că?

Povestea din *Culorile uitării* este adevărată și a zdruncinat întreaga țară în anul 2018. Te invităm să o descoperi și să vezi cazul impresionant al cântăreței de operă, doamna în alb.

Cum să recunoști un AVC

Poveste. Eram de gardă și vine o doamnă cu mama dumneaei, care avea mai multe acuze. Era amețită, avea greață și disconfort abdominal. O consult împreună cu firul I (eu eram firul II), îi facem o electrocardiogramă, îi luăm analize, îi luăm tensiunea arterială de mai multe ori, îi facem mai multe teste.

Avea în jur de 75 de ani. Stăteam cu aparținătoarea în camera de gardă și discutam cu toții ce ar putea fi, până să vină rezultatele analizelor de la laborator. Nu avea modificări de ocluzie intestinală sau altceva pur digestiv și lucrurile nu prea se legau. Rotindu-ne noi pe lângă pacientă, observăm că are perioade în care vorbește tulbure și nu ne mai privește, ci se uită în alt punct. Apoi își revine și e lucidă, coerentă, ne privește în ochi. Fiica nu știe să fi remarcat acasă asemenea modificări, dar parcă i se părea uneori ceva ciudat când vorbea cu mama. Ne gândim la un AVC (accident vascular cerebral). E greu de mirosit uneori chiar și de către medici, credeți-ne pe cuvânt. Dar noi ne gândim la el. Mai consultăm pacienta o dată. Chiar cu tabloul sărăcăcios, decidem să încercăm un transfer, pentru că nu aveam neurologie în spital, nici imagistică disponibilă pentru gardă. Găsim cu greu un loc în alt spital, pacienta este dusă acolo și se dovedește că într-adevăr era un accident vascular cerebral.

Acestea sunt cazuri în care și medicii cu experiență pot fi serios provocați, dar asta nu înseamnă că populația nu poate recunoaște un AVC. Avem părinți, bunici, frați și, din păcate, oricine poate suferi un asemenea eveniment, așa că este extrem de important să fim pregătiți.

Cum să recunoști un AVC:

AVC-ul în mod tipic evoluează, dă semne, are un crescendo, un punct critic, apoi un descrescendo, uneori chiar pe mai multe zile.
Tipic apar tulburări de mișcare sau sensibilitate în corp, dar tabloul poate fi sărac aici.
Tulburările de vorbit sunt frecvent întâlnite. Persoana care înainte vorbea normal acum se bâlbâie, stâlcește cuvintele, vorbește ciudat, fără sens.
Tulburările de înțelegere ale celorlalte persoane care vorbesc pot apărea și ele.
Fața devenită asimetrică, cu pleoapa, pometele, buza pe o jumătate coborâte.
Lipsa de control asupra unei zone din corp, spre exemplu, mână sau picior.
Paralizia de la gât în jos poate fi instalată în accidentele cerebrale masive.
Aparent banalele episoade de amețeală, debutate

brusc, pot fi date tot de accidente vasculare.

Durerile intense de cap pot fi semne sugestive și ar trebui să ridice semnale de alarmă, indiferent de vârstă.

Tulburările de vedere, de tipul vederii duble instalate brusc, sunt sugestive pentru un eveniment vascular.

Cine observă un om care se clatină, nu poate controla bine o mână sau un picior, vorbește ciudat, are jumătate de față „picată" trebuie să se gândească imediat la AVC. Mereu pot exista semne suficiente și anunțarea serviciului 112 este salutară.

Vă rog să vă faceți o minimă educație medicală, să fiți oameni și să săriți atunci când vedeți că nu pare în regulă ceva cu un om, fie că vă este rudă, prieten sau străin. Nepăsarea și ignoranța produc victime și e păcat.

10 lucruri despre sănătatea stomacului

1. Tot ceea ce mâncăm este digerat inițial la nivelul cavității bucale, trece prin esofag și ajunge în stomac, organ capabil să acomodeze o cantitate mare de alimente. Aici, primele sucuri digestive sunt eliberate și mișcările stomacului antrenează mâncarea timp de 1,5-2 ore, formând o primă pastă. Pentru că mediul

este foarte acid (acidul clorhidric scade mult pH-ul), mucoasa stomacului se protejează prin secreție de mucus, o peliculă ce nu permite acțiuni nocive ale acidului. Din prea multe interferențe, însă, pot apărea numeroase probleme care irită, inflamează sau distrug mucoasele.

2. Orice antiinflamator nonsteroidian (chiar și banalul ibuprofen) interferează cu niște procese moleculare și duce la scăderea protecției gastrice. Este indicat ca AINS (acronim de la antiinflamator nonsteroidian) să se ia cu alimente și, pe perioada administrării, să se facă și o administrare de protector gastric, dimineața, cu jumătate de oră înainte de micul dejun.

3. Odată cu apariția medicațiilor moderne, ulcerele gastrice severe, operabile, au devenit rarisime.

4. Sănătatea stomacului este în dependență strânsă cu statusul psihic. La stres, stomacul suferă și pot apărea simptome deranjante (greață, arsuri, plenitudine, inapetență, adică scăderea poftei de mâncare) și fenomene de tip gastritic.

5. Alimentele foarte acide pot irita mucoasa gastrică și aici se cere moderație sau chiar evitare când există deja gastrită sau altă patologie.

6. Cafeaua poate pune și ea probleme, mai ales că stimulează secreția acidă.

7. Orice simptom dintre cele enumerate necesită consult la medicul gastroenterolog, care, la nevoie, poate efectua o endoscopie digestivă superioară. Aceasta presupune introducerea unui ghid cu

cameră video în vârf, în scop explorator direct, dar poate permite și efectuarea unei biopsii, adică ciupirea unei părți mici de țesut suspect pentru o analiză morfopatologică atentă.

8. Bacteria numită Helicobacter Pylori poate cauza greață, arsuri, reflux acid, ea fiind responsabilă și de multe cazuri de cancer gastric. Este indicat să se analizeze prezența ei, iar asta se poate face prin biopsie, printr-un test respirator, prin analize de sânge sau de scaun. Medicul și pacientul decid cea mai bună variantă.

9. În cazul în care există H. Pylori, cura de eradicare presupune mai multe substanțe, iar medicul le va alege în funcție de particularitățile pacientului. Nu este indicat să urmați singuri o asemenea cură, fără consult și certitudinea existenței acelei bacterii, pentru că uzul intempestiv de antibiotice poate atrage consecințe nefaste.

10. În cazul în care există reflux acid, evitați alimentele acide, condimentate, sărate, murate, mâncați în cantitate mică și stați în poziție de semidecubit (fotoliu) pe tot timpul digestiei pur gastrice (cam 1,5-2 ore). Nu mâncați nimic cu trei ore înainte de culcare, pentru că poziția culcată va alinia stomacul și esofagul, facilitând refluxul. Consultul gastroenterologic este recomandat, să nu existe vreo hernie hiatală, adică o porțiune de stomac care să iasă prin diafragmă, mușchiul ce separă cavitatea toracică de cea abdominală.

12 lucruri despre Helicobacter Pylori

1. Helicobacter Pylori este o bacterie care se poate găsi în stomacul omului. Nu este o bacterie comensală (adică inofensivă), ea putând cauza multiple probleme.
2. Prezența ei în stomac este corelată cu fenomene erozive, inflamație, sindrom dispeptic, creșterea riscului de cancer gastric.
3. Helicobacter Pylori se poate identifica prin mai multe căi: biopsie de mucoasă gastrică la endoscopie, testul respirator cu uree, identificarea antigenului specific în scaun sau sânge.
4. Prezența anticorpilor împotriva acestei bacterii nu este neapărat concludentă pentru o infecție curentă, deoarece anticorpii pot rămâne mult timp prezenți și pot semnifica o infecție mai veche, tratată medicamentos eficient sau remisă spontan (rarisim).
5. Cine are Helicobacter Pylori în stomac, chiar în lipsa simptoamelor digestive (greață, arsuri, plenitudine, dureri, reflux acid), trebuie să facă o cură specială de eradicare, pentru a minimaliza riscul de cancer gastric și a evita eventuale afecțiuni viitoare.
6. Cura de eradicare este dificilă și include, de regulă, mai multe dintre aceste substanțe, cele mai importante fiind antibioticele: amoxicilină, claritromicină, levofloxacină (acestea sunt

antibiotice), metronidazol (agent inclus în grupa antiinfecțioase), antiacide etc. Medicul va alege antibioticele în funcție de particularitățile pacientului (alergii, patologii hepatice sau renale) și cura poate ține 7-10-14-21 de zile sau chiar mai mult. Se pot da probiotice în această perioadă, cu prelungire încă o săptămână după cura antibiotică. Un inhibitor de aciditate de tipul esomeprazolului (sau altceva similar) este obligatoriu pe toată perioada curei.

7. Femeile sunt mai predispuse la candidoze vaginale sau orale în timpul sau după asemenea scheme de antibioterapie, trebuind să primească și terapie antifungică.

8. La un timp după terminarea curei de eradicare a Helicobacter Pylori, se vor reface analizele pentru a verifica eficiența tratamentului.

9. Spălatul pe mâini este o măsură importantă în limitarea reinfectărilor. Spălarea eficientă a fructelor și legumelor este, de asemenea, extrem de importantă.

10. Nu recomandăm abuzul de antibiotice, iar medicii să încerce conceperea unor scheme cât mai eficiente și mai ușor de suportat de către pacient. Amoxicilina și claritromicina ar trebui date succesiv, nu în același timp (spre exemplu, un gram de amoxicilină la 12 ore, timp de șapte zile, respectiv 500 mg claritromicină la 12 ore, zilele 7-14).

11. În cazul reacțiilor adverse la antibiotice (chiar digestive, cu greață, vărsături, diaree sau infecții

fungice de tip candidoză) trebuie să vă prezentați la medic pentru a discuta conduita.
12. În cadrul unei cure bine construite, regimul alimentar nu trebuie să aibă limitări drastice; ar fi bine să se evite condimentele, alimentele acide, alcoolul, prăjelile, fructele în cantități mari, sucurile carbogazoase. Fumatul trebuie evitat.

9 lucruri despre intestinul iritabil

1. Intestinul iritabil sau sindromul de intestin iritabil face parte din categoria tulburărilor digestive funcționale care n-au ca substrat o afecțiune propriu-zisă de organ. Se întâlnește frecvent în societatea modernă și este consumator de resurse, generator de angoase și stigmă, chiar capabil să conducă la dezechilibre serioase în alimentație, pentru că persoanele suferinde tind să evite multe alimente (cu lactoză, mai nou gluten, cu alți compuși).
2. Există un creier în intestine, acestea fiind bine inervate într-o rețea care nu doarme niciodată. Anumite stări depresive au repercusiuni asupra intestinelor, putând duce la tulburări de tip meteorism (gaz), crampe, dureri, diaree, constipație. Se poate și invers. Așa-numitul sindrom de intestin iritabil înseamnă analize de sânge și imagistică mereu bune, dar pacientul e trist și nesatisfăcut pentru că prezintă simptome și nu găsește răspunsuri clare.

3. Analizele de sânge, ecografia sau alte tehnici imagistice nu arată modificări în intestinul iritabil. Nu există sindrom inflamator sau leucocitoză - tipice de inflamație sau infecție. Nici culturile din scaun nu arată prezența unor bacterii patogene.
4. Există o continuă angoasă și căutare a pacientului care prezintă simptome deranjante și totuși nu găsește răspunsuri. Se plimbă între medicul de familie și specialiști, vrea să facă determinări complexe, plătește sume mari și-n definitiv revine în aceeași etapă.
5. Simptomele frecvent descrise sunt: meteorism abdominal (destindere dată de acumularea de gaze în exces), crampe, senzație de ghiorăit a intestinelor, dureri difuze, arsuri, tranzit accelerat cu diaree, greață, percepția undelor peristaltice, disconfort marcat.
6. Intestinele sunt pline de bacterii deosebit de utile organismului. Ele fac vitamine, reglează digestia, optimizează procese fine la nivelul mucoasei digestive. Se pot distruge dacă se iau antibiotice în exces, fără justificare. Există multiple studii despre cum influențează aceste bacterii sănătatea altor organe, cum tulburări la nivelul lor duc la apariția unor boli, cum tulburarea bacteriilor intestinale poate să genereze sindroame anxiodepresive.
7. Recomandarea este ca intestinul iritabil să fie gestionat prin găsirea unui calm, a unui regim alimentar propriu (suntem diferiți cu toții), dar fără a recurge la măsuri disproporționate, prin ruperea

cercului vicios care potențează noi probleme psihice, augmentându-le și pe cele digestive.

8. Pastilele nu vor trata niciodată cauza, ele doar vor masca simptomele. Bombardarea organismului cu antispastice, antiinflamatorii, antialgice, antiacide poate atrage consecințe negative. Recurgerea la suplimente alimentare sau terapii naturiste nu are nicio valoare terapeutică în intestinul iritabil.

9. Ajutorul psihologului nu trebuie neglijat aici. Orice me-dic știe că pacientul într-adevăr are probleme și stă într-un cerc vicios, iar consultul la psiholog poate aduce avantaje uriașe, pentru că acesta ajută pacientul să-și înțeleagă mai bine legătu-ra dintre psihic și funcțiile corpului, liniștindu-l.

13 lecții învățate de mine în spital

Spitalul este locul în care mi-am primit cele mai frumoase lecții. M-am gândit și am așezat treisprezece, fiecare fiind din momente diferite, scrise toate la puțin timp după ce s-au întâmplat. Nu e niciun ghinion în numărul ales. Bucățile sunt rupte din jurnal, deci au timpuri și curgeri de regulă prezente.

1. Să trăiesc totul cu uimire. Doamna A. are 88 de ani. Astăzi a fost externată, impresionată de experiența din secția noastră. Timidă, mi-a spus: „Domnul doctor, pot să îndrăznesc să vă cer un număr de telefon? Am acest mic carnet de care nu mă dezlipesc niciodată, uitați, îl puteți scrie aici". Și mi-a deschis la o pagină nouă. Am trecut numele meu și înșiruirea de cifre. Ce era în acel carnet? Numere, nume, expresii care au mișcat-o, chestiuni prețioase, toate prinse într-o extensie a unei minți înțelepte. Când am dat o pagină în treacăt, undeva era scris "Trăiește totul cu uimire". Mă bucur tare mult că am ajuns în carnetul-de-suflet al doamnei A., pășind puțin într-o poveste derulată pe aproape un veac. Nu de singurătate, ci de continuă mirare la toate lucrurile din jur, cum bine mi-a zis într-una din zilele trecute.

2. Să înțeleg că fericirea înseamnă și bine, dar și rău. Doamna G. are 81 de ani. Soțul dumneaei e cam tot pe acolo cu vârsta. Are păr alb și bogat, chipul emană liniște, salută pe toată lumea și n-ar fi în stare să facă rău nici unei furnici. Bine acoperit cu pulovere, căciulă de astrahan și cojoc îmblănit, se deplasează ca un pinguin imperial. Se spune despre pinguini că formează perechi pe viață. Mister își vizitează jumătatea în fiecare zi, chiar cu vremea asta nu tocmai bună. Chemând-o Ioana, domnul G. i-a adus bomboane și era tare fericit că a reușit să ajungă cu bine și astăzi până în salon. Ba chiar a venit cu ciocolate Laura, sortimente cu lapte sau arahide, pentru tot colectivul din terapia cardio. „Domnul doctor, ieri am fost pe afară să mai rezolv niște lucruri, să mai cumpăr una-alta pentru soție și am căzut pe gheață. Mă doare de nu mai pot piciorul, dar e bine, nu e rupt. S-a învinețit el puțin acolo la șold, o să treacă. E greu, dar mulțumesc lui Dumnezeu că pot să merg până aici, să o văd pe Ioana. E ziua ei azi. Să mâncați toți ciocolată". Ei sunt împreună de la 16 ani. Vorbeau unii că poveștile lungi de iubire, până la adânci bătrâneți, există numai în cărți sau în filme. Eu am văzut destule și, vă zic clar, tare mult mi-ar plăcea să trăiesc așa ceva.

3. Să pricep cât de important e să dai celorlalți ceea ce știi. Chiar gratis. În spital se petrec fenomene paranormale. Domnul N., aproape 80, fost profesor de română și franceză, stătea pe un scaun pe holul mare și scria de zor ceva, pe o coală de hârtie. Nu mai conta nimic în jur, nici chiar bastonul care îi căzuse pe gresie. Atât era de absorbit. Mă apropii și-i spun: „Vă concepeți memoriile?". Domnul N. se întoarce puțin spre mine și-mi livrează chestia asta: „Am o fetiță de 6 plus 7 egal 13 ani, din comună de la mine; eu o meditez la franceză, gratuit. Îmi mai ocup timpul și-mi țin mintea vie. I-am scris aici câteva reguli gramaticale, i le trimit prin fiica mea. Să aibă ce învăța acum, că eu sunt plecat". Magnifique.

4. Să fac un vârf de deget de bine oricând am ocazia. Dezinteresat. Am prins un pacient într-o acțiune incalificabilă. S-a dus încet-încet, a luat o pătură și a pus-o peste colegul de salon. „A ațipit și m-am gândit să-l învelesc, lângă geam e mai frig, să nu răcească", mi-a zis el în şoaptă. Uite ce momente am prin gărzi.

5. *Să nu mai judec pe nimeni după aparenţe.* Am aflat că s-a internat la noi un pacient care a căzut şi s-a lovit la cap, având un bandaj plin de sânge, fractură de piramidă nazală şi multiple echimoze. În vârstă de 71 de ani, domnul I. era un cardiac sadea, cu o aritmie permanentă (fibrilaţie atrială). Medicul care a fost de gardă ieri ne-a prezentat cazul şi m-a făcut să mă gândesc la un pacient dificil de „intervievat", un om şters, anost, neinteresant. Vine pacientul cu salvarea azi pe la prânz după un consult neurologic şi examen CT la Municipal, excluzându-se acolo orice afectare neurologică (noi nu avem neuro, a trebuit să-l trimitem pentru o examinare), şi mergem să îl vedem, în terapia noastră de cardio. Îl descopăr pe domnul I., fost tehnician veterinar. Perfect conştient, bandajat la cap, normoponderal, în stare relativ bună. După câteva vorbe, zice: „Dumneavoastră vă e mult mai uşor, mă întrebaţi şi vă răspund; de la animale, oricât te-ai strădui, nu poţi scoate niciun cuvânt; un cal nu-ţi spune unde îl doare; un viţeluş nu poate arăta cu piciorul în zona inimii". Ne povesteşte apoi ce probleme medicale a avut în trecut. Ştia detalii incredibile despre tot ce se întâmplase în trecutul său, cu o memorie uluitoare. Îmi spunea date, evenimente de atunci, sentimentele pe care le avusese. Se lovise grav la cap când avea şase ani, stătuse în comă şi fusese salvat

de câţiva medici pricepuţi. Sunt cunoscute multe cazuri de oameni care, după traumatisme craniene sau boli neurologice severe, au dezvoltat abilităţi de geniu, putând apoi memora orice, face calcule complexe, reproduce scene în detalii incredibile - mă gândeam dacă era la fel şi aici, dar n-am lungit gândurile. L-am făcut de mai multe ori „doctor", reţinând greşit că aşa era. M-a corectat în cel mai frumos mod cu putinţă că nu a fost doctor, ci doar tehnician. Alţii ar fi tăcut molcolm şi s-ar fi bucurat pe nemeritate de titlul primit. După primele investigaţii, chirurgia s-a ocupat de pansament şi toaleta plăgii, noi i-am fixat schema de tratament. Stătea în şezut, uitându-se meditativ la ceilalţi pacienţi din terapie, în stări mai puternic influenţate. Îmi spune blând: „Vă luptaţi aici cu lucruri pe care mai nimeni nu le poate înţelege. E un mediu apăsător şi trist în care lucraţi în fiecare zi ca să salvaţi aceşti oameni. Pe ei, pe mine, pe alţii. Sunteţi apoi atât de criticaţi şi puşi la zid la tot pasul. Uite, acum mă gândesc că în cazul meseriei mele am găsit un mare avantaj: pe mine nu m-a vorbit de rău niciun animăluţ până acum". Am descoperit un om absolut fabulos, credeţi-mă pe cuvânt. Abia aştept să ajung mâine la spital să mai vorbesc cu dumnealui.

6. Să fiu calm în orice situaţie. Am internat vineri o doamnă care seamănă perfect cu doamna din Titanic. Starea dumneaei nu era deloc grozavă, dar sâmbătă dimineaţă se simţea ceva mai bine. Sunt oameni pe care boala îi strânge în boboci anoști, iar vindecarea îi deschide în flori magnifice. Am privit câteva secunde în ochii ei albaștri, i-am admirat fața desenată blând sub părul alb, i-am auzit vocea calmă și-am uitat că eram rupt de oboseală din cauza gărzii. Astfel de întâlniri, admirări timide, schimburi de priviri între ochi de diferite vârste și culori, transformări și reînfloriri fac ca inima mea să bată frumos mai departe. Abia aștept să o văd mâine.

7. Să pricep că fiecare om poate înflori atunci când reușește să iasă de sub apăsarea suferinței. Minune. Am mai supraviețuit unei gărzi care s-a dovedit a fi chiar frumoasă. Ce plăcere poți avea când întâlnești oameni veritabili, care te inspiră prin energia lor, având ocazia să le urmărești transformarea incredibilă dată de ieșirea din durere. Am internat un domn de 85 de ani, fost cadru militar și, atenție, balerin profesionist! Avea o artrită de genunchi stâng, cu tumefacție intens dureroasă. Domnul M. nu mi-a atras atenția inițial, pentru că era răvășit de durere și nu se putea deplasa. Instalat la salon, i s-a scos lichidul din articulație și a primit o infiltrație cu un antiinflamator puternic. După câteva ceasuri, scăpând de acuze, a înflorit. Am stat la povești, l-am văzut ce om bun poate să fie, cât de sincer zâmbește și ce gesturi de fin caracter poate să aibă. Acum, ajuns acasă, am stat puțin pe gânduri: câți dintre noi nu sunt prinși sub gheata grea a durerii cu toate formele ei, cu personalitatea ştirbită şi cu tot potenţialul intern apăsat şi sufocat. Iar apoi, cu un ajutor din exterior, putem înflori, recăpătându-ne adevărata stare de spirit ca un dulce cadou.

8. Să învăţ că nu trebuie să ne supărăm pe nimeni. Pe doamna Z., cea pe care am resuscitat-o într-o vară trecută, am revăzut-o în garda de ieri. E filosoafa salonului. Se simte bine, stă la poveşti, e interesată de celelalte cazuri clinice, m-a întrebat cum stă cu plămânii la ascultaţie un pacient vecin care spunea că nu intră aerul în el şi crede că va muri imediat. Am încercat să-l liniştesc pe domnul, era extrem de anxios, eram extrem de obosit, i-am spus că nu vreau să mă cert cu dumnealui. Tabloul era tensionat, dar doamna Z. a simţit nevoia să intervină: „Nu trebuie să ne certăm cu nimeni, pentru că s-ar putea să nu mai avem timp ca să ne împăcăm". Să mai zici ceva.

9. Să pricep că trebuie, dincolo de orice lucru gândit de alţii, să avem propriile noastre filosofii şi raţionamente. Mi-am terminat a şasea gardă pe luna asta. Am schimbat nişte vorbe cu domnul V., care a fost profesor universitar de filosofie. I-am spus că am început să-l recitesc pe Schopenhauer; mi-a replicat că nu s-a înţeles niciodată cu el, cum nu s-a împăcat cu niciunul dintre marii gânditori cu minte nestatornică. I-a cam scanat pe toţi, dar a preferat să-şi arunce impulsurile nervoase în modul său rebel, țintind originalitatea. Și pare-se că a ajuns singur la niște răspunsuri și, de ce nu, la o rețetă a trăirii frumoase. Își are aproape o doamnă splendidă, alături de care a viețuit în mod fermecător în ultimii 50 de ani. Profesorul V. are 87 de ani. Celălalt V., subsemnatul, are ceva mai puțin și învață de la unii pacienți în câteva minute cât nu a învățat într-un deceniu.

10. Să știu cât de simplu și frumos poate fi actul dăruirii. Peisajul zilei: o bătrânică ce taie o galbenă gutuie în podul palmei și împarte bucăți parfumate tuturor colegelor de salon. A primit și domnul doctor, nu vă alarmați.

11. Să-mi dau seama că orice e posibil, chiar când lupta pare pierdută. Domnul P. a fost adus la spital într-o stare sever alterată. A stat numai în pat până într-o dimineață de duminică, atunci când a trecut o primă cumpănă, cu instabilitate a ritmului cardiac, instabilitate hemodinamică, bradipnee. Trei medici au vuit câteva ceasuri pe lângă el și l-au echilibrat. A urmat o săptămână în care domnul P. s-a simțit tot mai bine, a început să comunice, să mănânce, să respire fără dificultăți, să stea pe tensiuni bune. Doi medici și-o echipă de asistente l-au îngrijit continuu. Ieri m-a chemat lângă pat și m-a rugat să îl iau de mână. S-a folosit de un impuls dintr-un arc interior ascuns nu știu pe unde, puțin și de brațul meu, și s-a ridicat în șezut. A făcut o mișcare de rotație și a pus picioarele în podea. Ca într-o scenă biblică, domnul P. nu s-a oprit aici. Același resort s-a activat și corpul i-a redevenit biped, fără amețeli, fără dureri, fără dispnee. Stătea în picioare lângă mine, între noi fiind șase decenii de trăiri cu bune și rele. Domnul P. a împlinit ieri 89 de ani. În viața noastră deloc ușoară, avem parte de astfel de momente, în care noi jucăm un rol activ și din care ne tragem energii nebănuite. Restul e-o bucată de vid.

12. Să nu iau lucrurile prea în serios în chestia asta de-o numim viață. Doamna N. are glicemia-n pod și peste 140 kg, dar am prins-o lângă butic, înfulecând un ecler (l-a dat gata din două înghițituri). M-am luat de dumneaei și mi-a răspuns: „Drăguțul meu, nu a avut să-mi dea rest vânzătoarea și mi-a dat prăjitura asta, nu e vina mea!". Umorul plutește prin spital, asta e cert.

13. Să înțeleg rolul meu, ca medic, în toată ecuația trăirii. Sunt iarăși de gardă și mă topesc într-un salon. Bebelușii au adormit. Unul are 69 de ani și tot pășește pe un pod care duce dincolo, dar are grijă să rămână încă aici. Viitoarea mea soție, în vârstă de 93 de ani, a fost de o cumințenie ieșită din comun, mai puțin atunci când i s-au făcut unghiile și unele pielițe au trebuit smulse. A țipat din toți rărunchii, dar s-a calmat când a văzut ce bijuterii de unghii are. O pacientă de 87 de ani, fost cadru universitar, s-a luptat o jumătate de oră cu un supozitor cu glicerină; când am intrat în salon, avea o poziție care nu e descrisă nici în Kamasutra. Vești bune: a reușit să introducă supozitorul. Lângă dumneaei, o doamnă tot de 87, cunoștință veche, are probleme multiple, dar, pentru câteva minute, a râs cu poftă când am admirat-o împreună pe stimabila precizată anterior. În micuțul compartiment de cardiologie, am internat azi o doamnă de 86 de ani cu o insuficiență cardiacă agravată și hiperpotasemie. Respira mai bine după diuretic, iar acum doarme cuminte. Tot acolo, mai avem o doamnă de 90, cu o prăbușire de corp vertebral și o lombalgie rebelă, care astăzi a făcut pași cu un cadru special. Să nu mă întrebați ce caută la cardiologie - vă spun numai că băiatul dumneaei ne-a zis că ne bate dacă nu o internăm. Noi nu vrem să fim bătuți, nici măcar la cap, că acolo ne stau organele pe care le uzităm cel mai des. După cum vedeți, bebelușii - că de la o vârstă când cercurile tind să se închidă, parcă bătrânețea converge în fragedа copilărie - sunt în stare bunicică și dorm duși. Eu mă fac că dorm, gata să sar oricând în papuci pentru a remedia unele probleme. Nu-mi stă gândul, cât timp sunt aici, la nicio grijă de-ale mele. Și ăsta e un mare avantaj al gărzii: ești trup deplin disponibil pentru cei suferinzi, deconectat de propriile probleme, primind o satisfacție care nu poate fi descrisă nici de către poeți. Cred că am cea mai frumoasă meserie din lume.

Când moare un medic

A murit un medic. L-au găsit în camera de gardă. Avea doar 38 de ani. O să spuneți că nu-i nicio tragedie, moartea e simplă în natură, dar vă răspund că s-a închis într-un vid o poveste a unui om care mergea la mai multe spitale, să-și ajute colegii, să ajute oamenii, peste orice urmă de concept de viață personală. S-a închis într-un vid și potențialul de a trata sau salva de la moarte mii, poate zeci de mii de pacienți.

Trecem ușor cu vederea niște lucruri. Meseria de medic are uzură psihică și fizică fantastică. Împletirea celor două apăsări e unică, nu o mai întâlnim așa în niciun alt domeniu. Dincolo de halat nu stă vreun superom capabil să vadă pacienți cu nemiluita, la orice oră, fără să fie respectat, prețuit, iubit, într-o societate anapoda. Dincolo de halat e un om, cu vulnerabilități, cu povești, cu suferințe proprii. Iar când moare acest om, conștientizăm subit asta. Păcat că uităm iar, rapid.

Mi-am adus aminte de un text pe care l-am scris cândva, după o gardă grea. Despre cât de dificilă e meseria și cum suntem oameni și noi.

Holul e plin. Ies să-i analizez puțin acolo, trec la birou, îi pun pe paturi, îi consult, manevrez scheme în cap, împart pastile și fiole, scriu scrisori medicale și rețete. În timpul acesta, o doamnă intră și-mi cere să o văd imediat că trebuie să-și ducă fetița la grădiniță. Peste trei secunde, sunt solicitat la ORL cu un salt hipertensiv. Sună și chirurgia. Un bătrânel mă întreabă dacă au ieșit analizele. O doamnă își vrea actele pentru medicul de familie.

Stau și mă-ntreb uneori dacă vreunul din cei veniți la camera de gardă s-a gândit o secundă că medicul acela e om ca ei; dacă mintea le-a plămădit această idee, când, din punctul lor de vedere, par a avea toate motivele pentru a solicita ceea ce solicită rapid, ca având lângă ei un automaton proiectat să execute iute ceva. E valabil pentru gardă și pentru activitatea „obișnuită" deosebit de grea și ea.

Am să livrez bomba: da, medicul e om și el. Unul care s-ar putea să sufere teribil. Unul care poate n-a mai avut timp să stea el cu el pentru măcar un sfert de ceas, în liniște. Unul care poate e profund nefericit. Unul care poate pendulează între mari angoase. Unul care poate ar vrea să plângă de o mie de ori pe zi.

Burnout. E un mixt de oboseală cronică, uzură psihică, dezamăgire profesională. Cu toții avem așa ceva. Eu și toți colegii medici suferim de burnout, pentru că nu suntem destui, pentru că avem pacienți mulți, pentru că am învățat din greu și nu suntem apreciați, pentru că multe. Ne mai aruncăm pe fereastră. Da, o facem și pare de neînțeles, dar medicii sunt profund nefericiți, au mari probleme de cuplu, strâng prea multă suferință în ei, sunt suprasolicitați. Și poate că ne aruncăm doar metafizic, uneori venindu-ne să închidem totul pentru a ne regăsi. Punct și de la capăt. Mulți avem mecanisme de contrabalans: eu scriu, unii înjură în sală, alții spun bancuri tot timpul, unii inventează personaje și operează cu ele, toate pentru a distrage gândurile de la imaginile crunte. Dar clacăm. Deseori.

Lucrăm cu moartea lângă noi. Și ne luptăm cu ea. Tu te lovești de asta ca o acțiune firească a naturii sau un accident teribil și ți se întâmplă de câteva ori. Noi resuscităm, coasem, intubăm, stabilizăm și-i facem vânt cucoanei în negru în fiecare zi. Pierdem uneori pacienți și suferim groaznic. E meseria unde un om salvează alt om sau acceptă într-un final că nu a mai putut face nimic și-l predă morții. Ce psihic să ai?

Empatie sau simpatie. Pacientul vrea mereu empatie, să fie înțeles, dar nu simte că medicul vrea același lucru. Îmi mai vine să spun uneori „dar hai, domnule, aici în locul meu câteva minute, să văd apoi ce mai zici" când sunt asaltat de fel de fel de cerințe, pentru că fiecare vrea să fie văzut, rezolvat cât ai bate din palme. Nu pot. Sunt om și eu.

Devenim pacienţi şi noi. Avem boli. E groaznic. Am colegi care au avut infarct miocardic, accidente vasculare cerebrale. Am diabetici, hipertensivi, depresivi, toate declanşate rapid sau potenţate de stresul meseriei. Medici cu cancere diverse. Umblăm şi noi prin farmacii şi cabinete, prin secţii de radioterapie, ne facem IRM-uri, ne punem stenturi în coronare. Avem boli şi noi, de multe ori le facem mai repede. Uneori murim prea devreme.

Când ajungi prin spital, cu orice fel de problemă, te rog sincer: pleacă mereu de la ideea că medicul e om. Vorbeşte-i calm, acordă-i timp, fii alături de el, încurajează-l, strânge-i mâna sau strânge-l în braţe, arată-i că-l iubeşti pentru ceea ce face pentru tine. E uşor să luăm răul sau să-l inventăm, acolo unde nu există. E mai greu să promovăm binele, când mereu plecăm suspicioşi, cu idei prefondate, cu ură spre spital. Nu e normal aşa. Iubiţi-ne şi permiteţi-ne, fără energii negative, să vă facem şi să ne facem viaţa mai uşoară şi mai bună. Acum, cât timp mai suntem în viaţă.

Despre singurătate

Unul dintre cele mai rele flageluri ale vieţii este singurătatea. Când se depăşeşte acea stare de izolare constructivă și chiar meditativă, singurătatea devine apăsătoare, rece, chiar generatoare de boală. Suntem ființe sociale. Am supraviețuit tot timpul în grupuri și am stat unul lângă altul. Adunarea aceasta ne-a adus mari beneficii și încă ne aduce. Oamenii care trăiesc frumos lângă alți oameni au longevitate sporită, au risc mai mic de dezvoltare a principalelor afecțiuni cronice, au parte de fericire.

Există studii pe comunități restrânse în care membrii aveau un lucru în comun: depășeau lejer 80-90 de ani cu toții. S-au monitorizat diete, vicii, principii de viață, exercițiu fizic și alți parametri. S-a descoperit că toți se știau între ei. Se întâlneau și stăteau la povești. Discutau amplu despre orice și se bucurau de momentele petrecute împreună. Singurătatea a fost amplu analizată. Cei ce leagă relații frumoase au stabilitate emoțională, psihic echilibrat, fac mai puține afecțiuni și le fac mai târziu, trăiesc mai mult și mai bine.

Timpurile noastre, din păcate, ne aruncă în depresie, izolare rece, suprasolicitare, fugi absurde după lucruri care nu ne satisfac, orgolii mărețe. Am cam uitat cum să ne facem prieteni. Îi avem pe cei virtuali și asta nu aduce o contrapondere suficientă. E o plăsmuire. Ar fi bine să ne gândim bine la acest aspect și să ne înconjurăm de oameni dragi, de calitate, care să ne asculte, să ne ajute, să ne iubească. Alături de care să luăm mese cu cantități mici de alimente și cantități mari de voie bună. Alături de care să ne dezgolim de niște straturi superficiale. Alături de care să discutăm și toate prostiile din lume, pe lângă lucrurile importante. Alături de care să ne mai debarasăm de griji și tensiuni. Alături de care să trăim mai bine și mai mult.

Despre empatie

Nu discutăm suficient despre empatie și cred că majoritatea poveștilor mele cu pacienți relevă acest concept, dincolo de emoție, date medicale și suferința inerentă. Grosso modo, empatia înseamnă să te pui în pielea celuilalt, încercând să vezi lumea prin ochii lui; e o formă de cunoaștere până la urmă, dar presupune să nu ai elemente despre viața celeilalte persoane, ci actul să fie de novo, pe teren neexploatat. În medicină, asta e greu de făcut, pentru că medicul are deja elemente culese prin anamneză și explorări funcționale, dar vom sări peste aceste aspecte. Aici, empatia presupune, din optica mea, trecerea unor bariere. Medicul preia informații doar din sfera sănătății, le coagulează, merge pe niște piste, dă la o parte o serie de diagnostice, alege unul sau mai multe corecte și generează apoi o schemă terapeutică potrivită. Dar, și vă rog să rețineți asta, pacientul nu e niciodată un aparent simplu cumul de diagnostice și un receptor al unei scheme de tratament; el reprezintă o sumă de memorii, experiențe, povești, suferințe, bucurii, clipe înșirate continuu sau fragmentat într-o arhitectură care de multe ori stă chiar la rădăcina unei afecțiuni. Medicina, descotorosită de latura științifică rece, ar trebui să conțină multă căldură, umanitate, contact, vorbe liniștitoare, indiferent de specialitatea doctorului. Pare contraintuitiv pentru cadrul medical, întrucât depășirea unei granițe atrage automat atașament și poate accentua suferința - de asta mulți se feresc de empatie -, dar, din experiența proprie, pot spune că am câștigat enorm tocmai depășind aceste granițe. Și plusez cumva, adăugând că pacienții au și ei de câștigat.

Empatia ar fi excelent să fie mereu bilaterală. În spatele halatului se află un om făcut din carne și oase, cu boli proprii, cu un psihic întins la limită, cu frici, suferințe, trăiri, bucurii. Când există înțelegere bilaterală, fără tensiuni inutile, actul medical decurge natural, cu rezultate pe măsură. Într-un sistem medical plin de neajunsuri, cred că oamenii din el pot face diferența și empatia bilaterală ar trebui să ne rămână întipărită adânc în minte. Poveștile pe care le-am trăit și le-am așternut aici au apărut și-n cărțile mele, „Dragă inimă" și „Culorile uitării", ca o încercare, pe alocuri chiar îndrăzneață, de a limpezi niște coordonate și a arăta publicului larg că medicina e teribil de grea, că implică pierderi umane și lupte groaznice cu moarte, că are și numeroase raporturi fine impecabile pe care nu le mai găsești în alt domeniu, că e bine să conștientizăm niște muchii de cub vital și să procesăm totul altfel. Suntem mai uniți între noi decât credem și fiecare întâlnire dintre oameni, directă sau indirectă, nu e deloc întâmplătoare. Directă poate fi pe axa vieții, chiar și-ntr-o clinică, unul medic și altul pacient. Indirectă poate fi prin intermediul unor cărți, când constați că ideile unuia îți pot schimba mersul prin viață. Orice întâlnire are rostul ei.

Nu merită

Sfat mărunt: e o tentație enormă de a munci până la epuizare, mai ales în rândul tinerilor. Uitați asta. Nu merită. Ca om trecut prin așa ceva, vă spun că devine al naibii de greu să repari ce ai stricat, psihic sau organic. Poți intra în vrie, dând peste cap somnul, răsucind creierul și inima, experimentând de la anxietate ușoară până la atacuri de panică grele. Poți face vreun accident vascular cerebral sau un infarct miocardic. Îți ridici riscurile pentru majoritatea bolilor. Te îndepărtezi de sănătate.

E o tentație de a face mult și repede. De a

împinge limitele. Temperați-vă. Contrabalansați munca mereu cu activități relaxante, întâlniri cu prietenii, somn bun, sport. Luați un concediu mic la fiecare două-trei luni. Împărțiți sarcinile. Setați obiective și pentru vârste mai mari, că unele se potrivesc mai bine atunci. Nu mai visați să aveți un morman de lucruri, că le obțineți și constatați că nu vă aduc nicio fericire. Vă veți dori mereu altele.

Nu sacrificați capitole pe care, din păcate, nu o să le mai puteți redobândi niciodată.

Vă spun. Nu merită.

De ce nu ai grijă de tine?

Dacă stai puțin și-ți analizezi viața, observi că-n capitolul sănătate ai numeroase carențe. Sănătatea e un deziderat principal, iar o lipsă de interes aici pare o autosabotare. Cu toate acestea, se întâmplă. Chiar prea des. De ce o faci? De ce o facem?

Există mai multe motive și lipsa de grijă pentru noi înșine poate fi explicată prin elemente pur personale, familiale, societale. De exemplu, fumatul, consumul de alcool sau droguri la vârste tinere au o justificare relativ simplă: persoana în cauză se simte, la momentul respectiv, disociată de viitorul adult. Dacă un adolescent fumează, conștientizează vag că actul în sine îi face rău, dar nu-l impresionează asta, pentru că știe că la un moment dat va fi un adult nefumător, sănătos, cu un job bun, cu familie frumoasă. Simte că varianta actuală și cea viitoare nu au nicio legătură. Proiecția psihică e o păcăleală în sine.

O categorie interesantă este reprezentată de somn, în speță aici de evitarea lui voită. Pierderea nopților la tinerețe e văzută mai degrabă ca o putere; tinerii sunt convinși că organismele lor puternice nu vor suferi deloc. Fie că pierd nopțile pe distracție sau muncă grea, oamenii se gândesc că la un moment dat se vor liniști sau vor atinge un nivel de bunăstare materială care le va permite o viață echilibrată. Cuvântul echilibru e iarăși atât de dorit, mintal, sentimental, familial – cu toții vrem un echilibru. Științific, medical vorbind, pierderea nopților la vârste tinere atrage repercusiuni serioase pe termen lung, iar tiparele de gândire expuse mai sus ar trebui evitate. Iluzia cu echilibrul care va veni cândva e iarăși un mecanism de negare a realității.

Familia poate dicta, direct sau indirect, felul în care vei avea grijă de tine. Dacă familia îți oferă suficientă educație și un mediu optim de viață, vei descoperi din timp cum să trăiești sănătos. Dacă cei din familie merg la controale anuale, cel mai probabil o vei face și tu. Dacă cei din familie au grijă de dantură, o vei face și tu. Grija pentru dinți a fost, în diverse studii, asociată cu starea familiei. Copiii care au crescut în familii disfuncționale și-au neglijat dantura, indiferent de alți parametri, cum ar fi educația sau starea materială.

Poate părea absolut banal, dar dinții contează enorm în arhitectura întregii sănătăți. Un zâmbet frumos îți poate schimba fața, îți deschide uși, îți oferă încredere de sine. Problemele dentare atrag probleme în lanț. Vei ascunde dinții, vei avea șanse reduse în a stabili relații, vei avea probleme de stimă, te vei lupta cu infecțiile, vei consuma mai mult antibiotic, poți avea un risc crescut de a face alte infecții generale, te vei chinui la dentist, vei plăti sume mari de bani pentru reparații. Prevenția aici e sfântă și ea ține de tine, de modele, de familie, de educație.

Nu ai grijă de tine și pentru că societatea în care trăiești nu pune preț pe educația pentru sănătate. Dacă nu există campanii de informare, ore dedicate în școli, programe de screening, materiale coerente care să circule în media, nu vei fi suficient de sensibilizat la anumite subiecte importante. Informația e crucială în sănătate. Din păcate, o țară cu educația la pământ nu poate avea pretenții mari pe prevenție, aderență la anumite programe, deplasarea la consulturi de rutină, din moment ce tendința este de a ignora știința, tocmai prin lipsa de cunoaștere suficientă a ei.

Mi-ar plăcea să ai mai multă grijă de tine. Indiferent de vârstă. Nu, nu vei fi altă persoană peste câteva decade. Da, fumatul îți face rău oricând și-l vei simți și mai târziu. Nu, nu ești atotputernic când ești tânăr. Dormi bine în fiecare noapte. Ai grijă de dinții tăi. Mergi la medic să afli că ești bine. Informează-te corect. Le faci pe toate pentru viața ta.

Cum să-ți stăpânești nervii

Toată lumea are același număr de nervi în corp, unii centrali, alții periferici. Dar expresia „am nervi, lasă-mă-n pace că altfel îți dau cu o tigaie cu teflon în cap" capătă alte valențe în vremurile noastre. Ne enervăm ușor. Ne sare țandăra din orice. Suntem irascibili. Am vrea să atingem acea stare zen, dar de multe ori nu e cu putință. În noi fierbe ceva. Nu ne mai curge sânge prin vase, ci lavă, zeamă de ardei, acid sulfuric.

Prin urmare, un ghid how to manage nervii se cerea, era chiar salutar (salutar înseamnă salvator, nu de salutat – pun explicația asta ca să vă enervez și mai mult). Să vedem cum gestionăm nervii (unii le mai zic draci, termenii aici sunt echivalenți) în câțiva pași simpli.

După o stare tensionantă, să nu faci nimic în prima jumătate de oră. O vei da grav în bară și e păcat. Respiră adânc, deconectează-te, lasă lava să se răcească. M-am dus cândva la o florăreasă (să iau flori, logic) și ea nu m-a băgat în seamă minute bune. Vorbea la telefon. Zicea „băăăă, Nelule, stai cuminte. Să nu faci nimic la supărare. Stai liniștit și vezi tu apoi. Îți plesnește un vas în cap, Nelule. Hai, pa, că am client."

Paradoxal, să știi că stările de nervi sunt utile. Ele ne curăță cumva, pun sângele în mișcare, funcționează ca o debarasare. Când ne enervăm, descărcăm catecolamine (substanțe de alarmă, de stres) și reacționăm alert. Astea ne fac bine, dar e indicat să nu țină mult starea și să nu fie prea intensă, că putem face salt hipertensiv, accident vascular cerebral (adică în cap) și alte minuni. Nu le vrea nimeni pe astea.

Exercițiile de respirație ajută mult. Ne concentrăm pe aerul care intră prin nas, coboară spre plămâni, apoi iese pe gură. Inspir adânc. Pauză.

Expir prelung. Simțim tot toracele cum se mișcă. Repetăm.

Gândurile în exces ne omoară. E bine să gândim, unii nu o mai fac deloc, iar extremele nu sunt bune, știm asta. E indicat să fim pe la mijloc. La stres putem avea gânduri multe, iar ca să scăpăm de ele ne concentrăm pe respirație și pe un gând care n-are treabă cu conflictul, ci cu o imagine frumoasă, o amintire, ceva care să ne distragă atenția de la draci.

Sportul ajută enorm. Mișcarea ne menține în formă bună, forma fizică trage în sus și psihicul, iar sportul ne educă și alimentația. Nu-ți mai vine să mănânci prostii când știi ce efort depui la alergare sau sală. E păcat de tine. Nu se face.

Grijă la vitamina D. Când iese soarele, stai măcar un sfert de ceas spre steaua măreață. Nu e nevoie să te lepezi de haine pe stradă sau în parc. E suficient să te bată razele pe față, mâini – vei face vitamina D cât pentru o săptămână. Carența ei e corelată cu iritabilitate, insomnie, imunitate slabă. Pe sezonul rece poți suplimente vitamina D. În rest știi că eu nu recomand suplimentele decât în carențe clare și stări speciale.

Grijă la somn. E tot mai prost, mai puțin. Și plătim o factură mare aici. Somnul prost crește riscul unor boli, scade randamentul, scade calitatea vieţii, creşte stresul.

Găseşte activităţi plăcute. Plimbare, înot, citit, un film, pictat, orice ai chef şi poţi face cu plăcere, ca să ieşi din cercuri vicioase cumplite ce implică muncă multă, stres, somn puţin.

Ţigara pare că te calmează, dar în realitate îţi sapă groapa. Acolo te aşteaptă alţi draci.

Hidratează-te bine. Poţi fi irascibil pentru că nu eşti bine hidratat. Bea apă. 2-3 litri pe zi.

30 de lucruri pentru o viață sănătoasă

Îmi plac listele. Ele ajută mult la structurarea informației, sunt ușor de parcurs și pot servi drept model motivațional. Cred cu tărie că dacă fiecare ar încerca să-și ghideze un pic ziua după aceste lucruri relativ simple, ar duce o viață mult mai bună. Până la urmă, felul în care ne arhitecturizăm o zi ne arată felul în care ne vom trăi întreaga viață. Depinde de noi cum alegem să realizăm ceva, să învățăm elemente, să folosim timpul, să ne alegem alimentele pe care le introducem în corpul nostru, să ne mișcăm prin lume, să stăm în liniște, să ne bucurăm de timpul avut, să-i oferim inimii linişte şi poveşti frumoase. Nu alerg după reţete pompoase şi răspunsuri complicate. Îmi place ca totul să fie cât mai simplu.

Iată lista mea:

1. Treziţi-vă şi nu mai staţi niciun minut în plus în pat. E timp mort. Trezirea la aceeaşi oră oferă energie, timp pentru un mic dejun relaxant, citit, meditaţie, puţin sport. Ea reglează şi somnul, fiind recomandat să procedăm la fel inclusiv în weekend. Lenea dulce poate să existe fără probleme, e o formă excelentă de debarasare şi odihnă, dar să fie excepţie, nu obicei.

2. Meditaţi un sfert de ceas, într-un loc cât mai liniştit. O puteţi face imediat după trezire şi/sau seara. Staţi comod, respiraţi adânc şi controlat, concentraţi-vă pe diferite zone ale corpului, apoi plimbaţi gânduri pozitive de colo-colo, respingând orice altceva. Meditaţia este studiată intens în medicină, iar rolurile ei sunt recunoscute. Avem nevoie de ruperi de ritm, de retrageri în care să stăm doar noi cu noi, în linişte, respirând adânc, controlat.

3. Ţineţi-vă lucrurile din jur în ordine. Faceţi patul înainte de toate. Ţineţi totul cât mai ordonat şi curat. Pare un clişeu, dar ordinea chiar înseamnă progres. E minunat să găseşti repede un obiect pentru că ştii exact de unde să-l iei, să te întorci acasă și să găsești curat, să te arunci în așternuturi proaspete.

4. Luați un mic dejun liniștit, fără distrageri de atenție. El poate conține un senviș, fructe, cereale (ideal înmuiate din timp, să se digere mai ușor), lapte, orice vă place în cantități moderate. Puteți bea o cafea sau o cană de ceai verde sau negru, ideal fără zahăr.

5. Faceți sport, de la înot până la jogging. Faceți sport ușor chiar dacă aveți probleme cu inima, spre exemplu după un infarct miocardic sau după conversia unei fibrilații atriale (după consultul medicului, desigur). Sportul ne menține într-un tonus fizic și psihic excelent, reducând considerabil riscul unor afecțiuni. Sedentarismul este, din păcate, din ce în ce mai frecvent, iar el, coroborat cu alte obiceiuri nocive, poate atrage consecințe nefaste.

6. Un duș cu apă mai rece este tonifiant și anxiolitic. Poate ajuta și la ameliorarea hipersudorației. Dușul de dimineață are și o componentă meditativă, dar și de realizare a unui plan scurt de atac al zilei ce tocmai se deschide. Spălați părul cu apă călduță, iar dacă suportați, reduceți treptat temperatura apei pentru restul corpului. Puteți să încercați și o altă variantă, alternând cald – rece de mai multe ori.

7. Cuprindeți-vă ziua între două zâmbete. Energia

pozitivă atrage energie pozitivă. Zâmbiţi! Veţi face totul mult mai uşor. Tineţi minte asta: un comportament aspru, egoist şi rece îi închide omului în faţă toate uşile şi mai ales toate inimile. Omul vesel, deschis, recunoscător şi bun va avea în jurul lui un univers pozitiv, plin de oportunităţi şi de iubire.

8. Învăţaţi să trageţi acţiunea lângă intenţie. Degeaba vrem să facem ceva dacă rămânem la stadiul de idee. Acţionând, făcând lucruri aparent mărunte, generăm o stare de bine în noi. Important este să acţionăm, depăşind incubatorul de idei. Idei poate avea oricine, reuşeşte cel care le şi aplică. El poate greşi de o mulţime de ori, dar asta nu face decât să-l întărească, să-i ofere lecţii. Visaţi şi mergeţi pe drumul visurilor voastre, după cum prea bine zicea Thoreau.

9. Nu mâncaţi prea mult la prânz. Cei ce se îndoapă la masa de prânz devin imediat somnolenţi – motivul este redistribuţia sangvină. Scade şi randamentul intelectual. O masă cu doze moderate din mai multe tipuri de alimente este ideală pentru prânz. Gândiţi-vă să aşezaţi 2/3 din calorii în prima parte a zilei.

10. Respiraţi adânc aer curat, repetat. Există tehnici de respiraţie, multe utilizate şi în meditaţie. Creierul se va simţi excelent şi veţi gândi totul mult mai limpede. Trageţi aer adânc, ţineţi aerul în plămâni pentru 8-10 secunde, expirați prelung. Repetați. Găsiți un loc adecvat pentru asta (capitala e infectă în multe zone). Puteți întrebuința și aplicații speciale care se găsesc pentru telefoane sau ceasuri inteligente.

11. Dormiți cam opt ore pe zi. Este unul dintre cele mai importante aspecte ale vieții. Fără cafea și alte substanțe excitante (alcool) în a doua parte a zilei, fără lichide multe seara, fără cină bogată, fără sport după șapte seara, fără televizor. Citiți un roman ușor, respirați adânc, meditați, scrieți în jurnal, așterneți pe o hârtie lucrurile care vă macină. Din păcate somnul este un capitol tot mai discriminat și nici nu băgăm de seamă ce repercusiuni atrage asta. Somnul deficitar este risc pentru orice afecțiune, de la boli de inimă la accident vascular cerebral. Puneți mare preț pe somn.

12. Faceți cu o seară înainte sau dimineața o listă cu 5-7-10 lucruri pe care vreți să le faceți în ziua respectivă. Sau cu idei pe care ați vrea să le materializați cândva. Veți scăpa de gândurile în exces și-n același timp vă veți motiva să realizați acele lucruri.

13. Oferiți-vă mici recompense după ce ați făcut anumite lucruri. Avem un mecanism complex al recompensei în creier, bazat pe dopamină, iar el poate funcționa de minune ca stimul pentru ducerea la capăt a unei sarcini.

14. Cina trebuie să fie cât mai uşoară. Fără fructe. Fără alimente grele. Fără alcool. O vorbă veche spunea că dimineaţa trebuie să mâncăm ca un rege, la prânz ca un prinţ, iar seara ca un sărac (luaţi doar ideea vorbei, fără să jignim pe cineva).

15. Comunicaţi cu cei din jur. Suntem fiinţe sociale şi ne simţim mai bine stând alături de semenii noştri, vorbind cu ei, râzând cu ei, îmbrăţişându-i, iubindu-i. Legăturile veritabile interumane asigură sănătate şi longevitate. Aduceţi-vă aminte de acele zone albastre din Sardinia, Grecia, Costa Rica, Japonia, în care oameni aveau legături frumoase între ei, trecând lejer de 90 – 100 de ani.

16. Trăiţi totul cu uimire. Lăsaţi-vă impresionaţi de tot ce se întâmplă în jurul vostru şi fiţi recunoscători pentru că aţi primit cel mai frumos cadou: viaţa. Aduceţi-vă aminte de pacienta cu tulburarea de ritm şi înscrisul ei din acel carneţel.

17. Simplificaţi, nu complicaţi. Păstraţi mai puţine lucruri materiale în jurul vostru. Reduceţi cheltuielile inutile. Renunţaţi la oamenii care vă trag în jos cu energiile lor negative. Reduceţi opţiunile multiple care vă solicită mintea. Simplificaţi tot ce puteţi.

18. Lărgiţi zona de confort. Numai aşa puteţi evolua. Cunoaşteţi oameni noi, faceţi lucruri noi, învăţaţi alte şi alte informaţii, căpătaţi alte şi alte aptitudini.

Nu veţi putea niciodată să ieşiţi din zona de confort, dar o puteţi extinde prin confruntarea mai ales cu elementele care vă produc frică. De cele mai multe ori frica este nefondată, o proiecţie care ne pune saboţi pe roţi. Ne adaptăm uşor şi putem depăşi orice, trebuie doar să avem curaj şi deschidere.

19. Hidratarea e deosebit de importantă. Beţi apă în mod constant. Avem un centru al setei în creier, dar nu lăsaţi centrul să facă singur lucrurile. Sucurile carbogazoase sunt nocive. Chiar şi cele dietetice, cu înlocuitori care substituie zahărul, cresc riscul cardiovascular, neurologic, chiar şi de diabet zaharat. Beţi apă simplă, dar ascultaţi-vă mecanismele corpului şi nu exageraţi (apa e toxică în cantitate mare). Hidrataţi-vă suplimentar în timpul efortului fizic, când e cald afară, când sunteţi în medii în care transpiraţi mult.

20. Călătoriţi. E una dintre investiţiile cele mai bune pe care le puteţi face. Descoperiţi locuri pe care le aşezaţi undeva în voi, ca amintiri minunate. Citiţi despre ţările în care mergeţi, iar dacă puteţi depăşi turismul de masă, intrând în particularităţile ţărilor, făcând aventuri şi explorări de locuri mai puţin vizitate, cu atât mai bine. Descoperiţi oameni cu care puteţi lega punţi ce nu se vor rupe niciodată. Lumea e mică, oamenii sunt mai legaţi între ei decât credem, iar călătorind ne dăm seama de asta cu uşurinţă.

21. Dacă puteți face un lucru în câteva minute, abordați-l imediat și nu-l lăsați pentru mâine, pentru că acel mâine poate deveni perpetuu. Faceți lucrul repede. Asta vă va da ritm și apetit pentru a face tot mai multe, vă veți simți bine, veți intra în ritm, vi se va face poftă de elemente adiacente din listă.

22. Visați. Cu ochii deschiși sau închiși, visați la o viață mai bună. Veți pune bazele schimbării și totul se va petrece așa cum vă doriți cel mai tare, dacă aveți mintea concentrată pe acel lucru. Cu ambiție apoi, luptați, puțin câte puțin, să construiți schimbarea. A se corobora aici cu punctul 8, idee și acțiune.

23. Citiți în fiecare zi, cât de mult puteți. Luați o carte cu voi oriunde, la metrou, la o cafenea, la job. Ajungeți în locuri multiple fără să vă mișcați din loc. Recurgeți seara la un roman ușor, mintea se liniștește mai bine așa, veți dormi mai eficient. Motivați-i și pe ceilalți să citească, pentru că țara noastră, din păcate, e pe ultimul loc în Europa la consumul de carte.

24. Felul în care vă consumați o zi vă arată felul în care vă trăiți întreaga viață, după cum bine spunea Anne Dillard. Dincolo de orice concept, sunt mari șanse să aveți una singură. Iubiți-o și iubiți-vă, iubindu-i pe ceilalți în același timp. Aveți două deziderate mari și late în bucata asta de lumină de-o numim viață. Primul este să vă descoperiți, să vă

cultivați, să aveți cât mai mult grijă de voi, să învățați să vă iubiți. Al doilea este să faceți bine, cât de mult puteți, în jurul vostru. Implicați-vă în acțiuni de voluntariat, ajutați alte persoane, donați cauzelor care merită sprijinul vostru, lăsați o bucățică din inima voastră în fiecare loc prin care treceți.

25. Îmbrățișați creativitatea. Scrieți, compuneți, inventați, desenați, imaginați, visați. Când faceți ceva creativ, viața devine mult mai interesantă. Foarte multe activități au și rolul de a ne distrage atenția de la problemele cotidiene, așadar extrabeneficiu!

26. Țineți un filtru: respingeți lucrurile negative care vă pot măcina și acceptați înăuntru lucrurile pozitive. Cele negative rod, se acumulează, dau peste cap toate raporturile dintre organele noastre. Cele pozitive ne înalță.

27. Spuneți un lucru pozitiv când ajungeți seara acasă. Da, vi se vor întâmpla multe chestiuni negative în trafic, la un ghișeu, la birou. Dar și multe pozitive. Când ajungeți acasă, povestiți ceva frumos celorlalți. Veți seta energii pozitive și veți vedea cum ceilalți se vor plia pe starea impusă de voi.

28. Plimbați-vă pe jos în fiecare zi. Mersul pe jos e sănătate curată. 3-5-7 kilometri, încercați să parcurgeți anumite distanțe, la pas susținut. Nu e nevoie să faceți un anumit număr de pași, ci să aveți o constanță, să cultivați mișcarea aceasta și să vă bucurați de plimbare. Dacă puteți evita zonele cu aglomerare de mașini și alți emițători de noxe, cu atât mai bine.

29. Mai puține scuze. Mă doare una și alta, sunt obosit, nu am energie, mi-e teamă, nu am chef. Pentru ceilalți, veți fi un ghimpe în pulpa degetului. Renunțați la toate scuzele și începeți să faceți lucruri, să ieșiți din zona de confort, să vă recâștigați forma și ritmul, să-i uimiți pe cei de lângă voi cu optimismul vostru. Nimeni nu vrea prieteni care se plâng tot timpul.

30. Încercați să faceți cel puțin o faptă bună pe zi. Există pe undeva o compensare în viață și lucrurile vi se vor întoarce când vă așteptați mai puțin. Dar nu vă gândiți că se vor întoarce, că aici e toată frumusețea.

Decideți singuri dacă punctele alese de mine vă convin și le puteți îmbrățișa, acomodându-le în viețile voastre, puțin câte puțin, până veți reuși să aveți cât mai multe, poate chiar pe toate. Ar fi un mare câștig pentru voi și pentru cei de lângă voi.

Ca o încheiere

Această lucrare nu poate acoperi toată medicina și, mai mult ca sigur, va primi cândva o continuare. Sper doar că ea limpezește cumva niște neclarități, oferă informații prețioase pentru o educație medicală atât de importantă și, mai presus de toate, vă face să priviți altfel acest domeniu. Mi-ar plăcea să văd tot mai mulți oameni care mănâncă bine, se mișcă, se informează, vorbesc deschis despre depresie, iubesc medicii, întorc spatele viciilor, sprijină proiectele frumoase din societate, au o critică argumentată și mobilizatoare, au grijă de ei. Nu uitați că platforma **www.drvasiradulescu.ro** vă stă mereu la îndemână pentru articole care pot fi ușor parcurse, chiar de pe telefonul mobil. Gratuit, evident. Sunt acum peste 2.500 de articole și vă recomand să le citiți când mai aveți câte o pauză.

Le mulțumesc tuturor susținătorilor care au fost alături de mine în anii grei în care am tot scris despre sănătate. Am mulțumiri deosebite pentru medicii care-și rup din timpul lor prețios și fac educație pentru sănătate. Mulțumesc tuturor cititorilor acestei cărți. Sper că am reușit să aduc măcar un vârf de deget de bine în viața lor. Mă bucur nespus că această carte a ajuns la peste 500.000 de oameni, devenind cea mai citită colecție de sfaturi privind educația sanitară. Ea a deschis seria specială care înseamnă acum și *Cartea inimii (o călătorie terapeutică), 100 de mituri despre sănătate (cu eleganță și umor demontate)*, dar și multe alte cărți care vor întregi colecția și vor oferi informații prețioase, explicate cât mai simplu, pe înțelesul tuturor. Zece titluri se află în lucru de mai mulți ani și vor fi terminate curând.

Bucuria mea nu poate să se oprească aici, întrucât am reușit și două serii ilustrate, pentru cei mici. Cărțile cu Oni au deja peste 100.000 de cititori, iar noua colecție Doctor Vasi duce informațiile despre sănătate în rândul copiilor, misiune pe care o consider extrem de importantă.

Să aveți grijă de voi și de cei de lângă voi!

dr. Vasi Rădulescu